プロのお菓子が今日からつくれる
お菓子の相談室
るい

はじめに

とにかく「作ること」が大好きな子どもで、
与えられたおもちゃで遊ぶよりキッチンにいることが好きでした。
はじめてのお菓子作りは、10才のとき。
母とチーズケーキを作ることになりましたが、
私が計量している間に母が生地を作ってしまったのがくやしくて、
それ以降はひとりで作るようになりました。
それまでも料理のお手伝いはよくしていましたが、
お菓子作りの楽しさは段違いで、一気にハマってしまいました。
ずっとお菓子を作っていたいと願った10才のころの気持ちが、
パティシエとしての私の原点です。

家でのお菓子作り歴は17年。これまで数えきれないくらいの失敗をしてきました。
生地の量を間違えてシフォンケーキを爆発させたり、
バターを室温にもどすのを面倒くさがって電子レンジでとかしてしまったり、
スーパーボールのようにかたいチョコムースを作ったことも……。
実は、製菓学校を卒業してプロのパティシエになってからも、
家でお菓子を作ると失敗することがありました。
お店では、道具も材料もすべてがプロ仕様。
室温もオーブンも、手に入る薄力粉や生クリームも、家庭とは違います。
お店と同じ感覚で作ると、中は焼けないのに表面は焦げたり、クリームがダレたり、
とにかくいろいろな失敗がありました。
そこからあらためて「材料とは?」「作り方とは?」と、基本に立ち返り、
本質的なところを学び直しました。

ただ、お菓子作りには、絶対的な正解はありません。
それはこれまで、パティスリー、ホテル、洋菓子メーカーと
いろいろな形態・規模のお店で働くなかで感じたことです。
作り方や材料選びの方法が違っても安全でおいしく、
だれかに喜んでもらえたなら、それはすべて正解なのです。
大切なのは、自分が本当においしいと思う、
食べてもらいたいと思えるお菓子を作ること。
そこで生まれたのが、「焼き比べ」です。
正解も間違いもないお菓子作りで、「私にとっての1番」を見つけようと思ったのです。

たくさん失敗も重ねてきて強く感じるのは、お菓子作りで重要なのは、
レシピよりも「コツ」や「テクニック」である、ということです。
ネットを検索すれば、巨匠パティシエのレシピも無料で見られる時代です。
でも、そのレシピを家庭で再現できる人はごくわずかではないかと思います。
なぜなら、プロが当たり前のようにしている材料の選び方、道具の扱い方、
作る際のこまかなテクニックまでは教えてくれないからです。
分量が同じでも、作り方や泡立てかげん、温度管理などが違えば別物になることは、
焼き比べが証明しています。

だからこそ、この本では私が知っている「コツ」と「テクニック」をお伝えすることに力を注ぎました。
もちろんレシピも何度も試作を重ねた自信作です。
でも、正直に言えば、レシピは私のものでなくてもいいんです。
コツとテクニックさえまねしていただければ、
ほかのレシピ本でお菓子を作るときにもきっと役立つし、上達を実感できるはず!

お菓子作りをもっと自由に楽しめるように。
この本が、お菓子作りを愛する皆さんの相棒となってくれたら、うれしいです!

るい

CHAPTER 1　お店みたいにきちんとおいしく、きれいに作る
基本のお菓子

CONTENTS

08　**ショートケーキ** Strawberry short cake
　　(ARRANGE)
15　抹茶クリーム・チョコレートクリーム
　　(ARRANGE)
　　ココアスポンジ
16　★ スポンジ生地を
　　　「小麦粉の違い」で焼き比べ
17　☆ ショートケーキの相談室

18　**シフォンケーキ** Chiffon cake
　　(ARRANGE)
24　抹茶のシフォンケーキ
　　(ARRANGE)
25　紅茶のシフォンケーキ
26　☆ シフォンケーキの相談室
　　★ シフォンケーキを
　　　「クリームタータの有無」で焼き比べ

28　**パウンドケーキ** Pound cake
32　★ パウンドケーキを
　　　「製法の違い」で焼き比べ
　　(ARRANGE)
34　塩キャラメルのパウンドケーキ
　　(ARRANGE)
　　ラムレーズンのパウンドケーキ
35　☆ パウンドケーキの相談室

36　**フィナンシェ** Financier
　　(ARRANGE)
40　ヘーゼルナッツフィナンシェ＆ピスタチオフィナンシェ
41　☆ フィナンシェの相談室

42　**スコーン** Scones
　　(ARRANGE)
46　全粒粉スコーン
　　(ARRANGE)
47　ホワイトチョコとクランベリーのアメリカンスコーン
48　★ スコーンを
　　　「バターの温度の違い」で焼き比べ
49　☆ スコーンの相談室

50　**ディアマン（基本のクッキー）** Diamant cookies
　　(ARRANGE)
54　ディアマン5種
55　★ ディアマン（基本のクッキー）を
　　　「バターの状態の違い」で焼き比べ

56　**型抜きクッキー** Cutout cookies
58　**しぼり出しクッキー** Sable poche
60　**スノーボールクッキー** Snowball cookies
62　**ガレット ブルトンヌ** Galette bretonne
64　**クラッカン アマンド** Craquant aux amande
66　☆ クッキーの相談室

CHAPTER 2　バリエーションを広げる
人気のお菓子

- 68　**ガトーショコラ**　Gâteau au chocolat
- 71　☆ ガトーショコラの相談室
- 72　**ロールケーキ**　Rolled cake
- 75　☆ ロールケーキの相談室
- 76　**マドレーヌ**　Madeleine
- 78　**いちごマフィン**　Strawberry Muffin
- 80　★ マドレーヌ生地を「ねかせるvs.ねかせない」で焼き比べ
　　　☆ マドレーヌの相談室
- 81　★ マフィン生地を「形状の違う型」で焼き比べ
　　　☆ マフィンの相談室
- 82　**アップルパイ**　Apple pie
- 85　☆ アップルパイの相談室
- 86　**フルーツタルト**　Tarte aux fruits
- 89　★ カスタードクリームを「粉違い」で炊き比べ
- 90　**シュークリーム**　Chou à la crème
- 93　★ シュー生地を「油脂の配合を変えて」焼き比べ
　　　☆ シュークリームの相談室
- 94　**ブラウニー**　Brownie
- 96　**バスク風チーズケーキ**　Basque Cheesecake
- 98　**はちみつプリン**　Honey pudding
- 100　★ プリンを「焼き時間を変えて」焼き比べ

CHAPTER 3　プロのコツを覚えて一気に上達
差がつく基本技術

- 102　TECHNIQUE 01　正しい計量のし方
- 103　TECHNIQUE 02　粉のふるい方
- 104　TECHNIQUE 03　道具の扱い方
- 106　TECHNIQUE 04　生クリームの泡立て方
- 107　TECHNIQUE 05　クリームしぼりの種類
- 108　TECHNIQUE 06　フルーツの切り方
- 109　TECHNIQUE 07　ケーキの切り方
- 110　TECHNIQUE 08　デコレーション
- 111　TECHNIQUE 09　ケーキデザイン
- 112　TECHNIQUE 10　型の準備
- 113　TECHNIQUE 11　生地の入れ方・ととのえ方
- 114　TECHNIQUE 12　焼き上がりの見極め方・冷まし方

CHAPTER 4

プロの「選びのポイント」を知る

材料選び
道具選び
プロの心得

- 116 お菓子のおいしさを底上げする「材料選び」
- 117 ★ クッキーを「6種類の砂糖」で焼き比べ
- 120 お菓子の完成度を高める「道具選び」
- 124 お菓子作りの意識を高める!「プロの心得」

CONTENTS

――――― この本の使い方 ―――――

▼ 作り始める前に
- いきなり作り始めるのではなく、レシピをひととおり読んで流れを頭に入れましょう。
  食べたいときにでき上がるよう、時間を逆算してスタートするのがおすすめ。
- お菓子を作るときの衛生管理についてはp.124をご参照ください。

▼ 材料と計量について
- 材料の計量は、0.1g単位ではかれるデジタルクッキングスケールがおすすめ。
- 材料の計量と、下準備は念入りにしておきます。
- バターは食塩不使用のもの(フィナンシェ、スコーン以外)、生クリームは乳脂分40〜45%のものを使ってください。
- 材料についてはp.116〜119、道具についてはp.120〜123をご参照ください。

▼ 加熱について
- オーブンは家庭用の電気オーブンを使用しています。天板が2段ある場合には、基本的には下段を使用してください。
  うまく焼けない場合には、お手持ちの機種の取扱説明書や付属のレシピをご参照ください。
- 家庭用オーブンは全体を均一に焼くことが難しいため、上部ヒーターが強ければ途中でアルミホイルをかぶせる、途中
  で反転する、天板ごと予熱するなどの対策をして、何度も焼きながら自宅オーブンのクセを攻略しましょう。
- オーブンの温度と焼き時間は機種によって差があるため、様子を見ながらかげんしてください。
- 電子レンジの加熱時間は600Wの場合の目安です。500Wの場合は時間を1.2倍にするなど、ワット数に合わせて調整して
  ください。

▼ お菓子の日もちについて
- 衛生的に作った焼き菓子は、常温で数日間の保存が可能です。
  生クリームなどを使っている生菓子は、保存は冷蔵室で翌日までと考えてください。
- 焼き菓子は1切れ／1個ずつラップで包み、フリーザーバッグに入れて1週間ほど冷凍保存が可能です。

CHAPTER 1

お店みたいにきちんとおいしく、きれいに作る

基本のお菓子
basic sweets

手土産にも、特別な日の贈り物にも喜ばれる、定番のお菓子をラインアップ。押さえるべきコツ、チェックするべきポイントを超詳細なプロセスとともにご紹介します。きちんと作ると、こんなにもクオリティが上がるんだと感動すること間違いなし。神は細部に宿るのです！

Strawberry short cake
ショートケーキ

CHAPTER 1 基本のお菓子

RECIPE

スポンジの決め手は卵液の泡立てかげん。もったりするまで泡立てればふわっと軽い口どけに

スポンジのなめらかさが命のショートケーキ。卵液の泡立て方や薄力粉とのまぜ方が成否を分けます。また、用途によって生クリームのかたさを泡立て分けるのもコツ。パーティー用やプレゼント用なら、前日に仕上げてひと晩冷蔵室へ。ショートケーキって、実は2日目がいちばんおいしい！ スポンジ、シロップ、クリームがなじんで一体感がアップします。最高においしい時間を逆算するのもプロのワザ。

プロのコツ

1. 卵と砂糖の泡立て具合は∞マークを描いてチェックする
2. 薄力粉は「の」の字を書くようにまぜる
3. 生クリームはボウルの中で用途別に泡立て分ける

材料　15cmの丸型1台分

● スポンジ生地
- とき卵…120g
- グラニュー糖…55g
- はちみつ…10g
- 薄力粉…50g
- バター（食塩不使用）…20g
- バニラオイル…4振り

薄力粉は、タンパク質量が少ない「特宝笠（とくたからがさ）」などがおすすめ

● シロップ
- グラニュー糖…25g
- 水…25g
- 洋酒…適量

● デコレーション
- 植物性ホイップクリーム…100g
- 生クリーム（乳脂肪分40〜45%）…250g
- グラニュー糖…50g
- いちご…1.5パック
- ナパージュ…適量

※ナパージュはツヤ出しなどに使われる液状ゼリー。製菓材料店で購入可能。

下準備

・型にシートを敷く
型に15cmのデコレーションケーキ用の敷紙、または型に合わせて切ったクッキングシート（p.112）を敷く。

・薄力粉をふるう
クッキングシートを大きめに切って広げ、15〜30cmの高さからふるう。2回ふるうと、さらによい。

・バターを湯せんする
ボウルに小さめにカットしたバターを入れ、フライパンに50〜60度の湯を用意し、つけてとかす。40度くらいで保温しておく。

09

卵液を泡立てる

① ふわふわスポンジは
湯せんで作る！
卵液を温めると泡立ちがよく
ふくらみやすい！

大きめのボウルに卵を入れ、グラニュー糖、はちみつ、バニラオイルを加える。バターをとり出したフライパンで60度の湯で湯せんしながら、手早くまぜる。人肌くらいに温まれば、湯せんをはずしてOK。

指で温度をチェック！

② ハンドミキサーは大きく右回し、ボウルは10時から7時の方向に左回しに！

ハンドミキサーに持ちかえ、高速で泡立てる。ハンドミキサーはゆっくり大きく円を描くように、ボウルは手前に回して、全体がもったりするまで泡立てる。

③ 高速で泡立て、中速でキメをととのえる

泡立て器の筋が残るくらいに泡立ったら、中速に落としてキメをととのえるように全体をまぜる。持ち上げるとリボン状にタラタラと落ち、∞マークを描いて3秒ほどで消えるくらいの泡立てかげんでストップ。

スポンジ生地、最大のコツ
「∞マーク」が
「3秒キープ」できる
泡立ち具合がベストです！

∞マークが消えないかたさは泡立てすぎ。粉がまざりにくくなるので注意して。

薄力粉を加える

4 スポンジは「さっくり」まぜるのが命。
ボウルの中に大きく「の」の字を書くようにまぜて！

ふるった薄力粉の半量を泡立てた卵液にまんべんなく落とし、ゴムべらで底からすくい上げるように「の」の字を書くイメージでまぜる。大きくまぜることで、気泡がつぶれにくく、ふんわりしたスポンジに。

5 残りの薄力粉を加えてまぜる

残りの薄力粉も同様に、「の」の字を書きながら。均一にまざり、生地にツヤが出たらOK。

オーブンの予熱スタート、160度にセット！

バターを加える

6 とかしバターがうまくまざらない？
なら、少量の生地を加えて乳化させましょう！

とかしバターに❺をひとすくい加え、泡立て器でよくまぜて乳化させる。

7 乳化させたバターを本体生地に加える

❻を❺のボウルに加え、全体に行き渡るようにまぜたら生地の完成。

まぜるときはやっぱり「の」の字！

型に流す

8 型の真ん中をめがけて、一点集中で流し入れます

ココ

中央に流し入れると、生地の重みで自然に全体に広がる。

焼く

9 160度に予熱したオーブンで25分焼く

予熱したオーブンで160度で25分焼き、竹串を刺して生地がついてこなければ焼き上がり。型ごと10cmほどの高さから落としたら、すぐに型からはずし、網にのせて冷ます。あら熱がとれたら、紙ごとラップで包んで冷蔵室でしっかり冷やす。

スポンジをスライスする

⑩ 天面と底面をストレート包丁で薄くそぐ

生地から紙をはずし、ストレート包丁（p.123）を水平に当ててこまかく動かしながら天面と底面をそぐ。クリームをぬるので、神経質にならなくても大丈夫。

⑪ 「ルーラー」があれば美しいスライスが簡単に！

生地の上下をはさむようにルーラー（p.121）をセットし、ストレート包丁で1.3cm厚さ3枚にスライスする。

生クリームを泡立てる

⑫ 泡立ては氷水で冷やしながら

氷水

ボウルに植物性ホイップと生クリーム、グラニュー糖を入れ、氷水にあてながらハンドミキサーの中速で泡立てる。

泡立て器の筋が残るくらいが目安

⑬ プロは1つのボウルで、かたさの違うクリームを泡立て分けます

ボウルの1/3量を、サンド用にさらにかために泡立てて

ボウルの右側1/3量だけを往復するように、泡立て器を手首をゆらして振り子のように軽くシャカシャカと動かす。ボウルにガシガシ当てたり、ぐるぐる回したりするより早く泡立ちます（p.104）。サンド用クリームは、持ち上げたときしっかり泡立て器につき、フン！と振り下ろさないと落ちないくらいのかたさが目安（p.106）。

12　CHAPTER 1　基本のお菓子

サンドする

⑭ シロップをぬる

耐熱容器に水とグラニュー糖を入れて電子レンジで1分加熱し、あら熱がとれたら洋酒を加え、シロップを作る。スポンジ1枚を回転台にのせ、ハケでシロップをぬる。

⑮ **中央にポテッとのせ、**
やさしく広げて

サンド用クリームをひとすくいのせる。

回転台（p.123）を奥に回しながら、パレットナイフで手早く全体にぬり広げる。

⑯ スライスしたいちごを並べる

いちごは飾り用に見た目のいい小10粒ほどをとり分け、残りをサンド用にする。へたをとって3～5mm厚さにスライスし、端から1cm内側に並べる。

⑰ クリームを重ねる

クリームひとすくいをのせ、パレットナイフでならす。

⑱ もう1段くり返す

スポンジを重ねてシロップをぬり、クリーム、いちご、クリームの順にくり返し、3枚目のスポンジを重ねて軽く押し、平らにする。

⑲ **ケーキ台を回転させて、**
側面をクリームで埋める
感覚です

パレットナイフを側面に垂直に当て、回転台を回しながらはみ出したクリームをすき間に埋め込むようにならす。

ナッペする

20 ナッペ用ホイップは、**ゆらすとふわっと落ちる中程度のかたさに**

ナッペとは、デコレーションの際にクリームをぬる作業のこと。ナッペ用のクリームは、サンド用より少しやわらかく、泡立て器をゆらしたときふわっと落ちるくらいのかたさが目安。

21 天面にクリームをのばしたら、中心にパレットナイフの先を当てて、**回転台を手前から奥に回してスーッと平らに！**

天面にひとすくいのナッペ用クリームをのせたら、パレットナイフで全体にのばす。最後に、ナイフを斜め30度に傾けて、回転台を1周させて表面を平らにならす（p.105）。

22 側面をきれいに仕上げるには、**ナイフに多めのクリームをとる**のがコツ

多めのクリームをポテッと側面につけたら、ナイフを垂直に当て、回転台を奥に回しながら、まんべんなくまとわせる。このとき、角の生クリームが天面より飛び出すくらいたっぷりとぬる。

23 クリームの「角」と底面の「裾」をとると、プロっぽさが増します

角は飛行機の離陸をイメージ！奥から手前にスーッと！
パレットナイフを角にやさしく当て、スーッと2〜3cmすべらせてから、斜め上にナイフを引き上げる。これを1周、くり返す。

裾はパレットナイフを20度くらいに傾けて、削りとる！
ナイフを回転台とケーキの底面に当て、回転台を回してはみ出したクリームをとり除く。

デコレーションする

24 クリームをしぼる

しぼり用のクリームは、泡立て器を持ち上げたとき、ボウルに残ったツノがシュッとのびておじぎするかしないかくらいのかたさに。星口金のサイズ12-8（口径13mm・切り口12）をつけたしぼり出し袋に入れ、外側に1周しぼる。

25 いちごをのせ、ナパージュをぬる

中央にいちごをのせ、縦半分に切ったいちごの断面にはナパージュ（p.110）をぬる。冷蔵室で1時間ほど冷やす。飾り用のいちごは小粒が使いやすい。一部へたを残すと彩りもきれいに。

ARRANGE RECIPE

クリーム でアレンジ

Matcha cream 抹茶クリーム

Chocolate cream チョコレートクリーム

材料（直径12cmの丸型1台分）
- 抹茶…4g
- グラニュー糖…40g
- 生クリーム（乳脂肪分40%）…150g
- 植物性ホイップ…50g

作り方
1. ボウルにグラニュー糖と抹茶を入れて、しっかりまぜ合わせ、生クリームを少し加えて、ねるようにとく。
2. 残りの生クリームと植物性ホイップを加え、泡立てる。

プロのコツ
抹茶をココアパウダーにすれば、簡単チョコクリームに。パウダー類を加えたクリームは、まぜすぎ厳禁。ダレて使えなくなってしまいます。使いやすいかたさをキープするため、あらかじめしぼり用はとり分けておくと失敗しにくくなります。

材料（直径12cmの丸型1台分）
- 製菓用スイートチョコレート（カカオ分51%）…50g
- グラニュー糖…10g
- 生クリーム（乳脂肪分35%）…100g
- 植物性ホイップ…100g

作り方
1. チョコレートを湯せんでとかす。生クリームを20〜30秒電子レンジで温め、半量をチョコレートに加えてまぜ、乳化させる。
2. 残りの生クリームも加え、氷水で冷やす。
3. 植物性ホイップとグラニュー糖を加え、泡立てる。

プロのコツ
高難易度のクリームです。泡立てすぎると分離して、あと戻りできなくなります。分離しそうになったら、植物性ホイップを足してゆるめて。ナッペ、しぼりは手早く行いましょう。

Cocoa sponge cake ココアスポンジ

スポンジ でアレンジ

材料（直径15cmのデコ缶1台分）
- とき卵…120g
- グラニュー糖…55g
- はちみつ…10g
- 薄力粉…50g
- ココアパウダー…5g
- バター（食塩不使用）…20g
- バニラオイル…4振り

プロのコツ
ココアパウダーや抹茶などでフレーバーを変えるときには、「薄力粉の10％の分量を足す」と覚えましょう。下準備のときに、薄力粉とともにふるって加えればOK。作り方はプレーンのスポンジと同じです。

YAKIKURABE

スポンジ生地 を 小麦粉の違い で 焼き比べ

「ふわふわのスポンジを作るには、グルテンの少ない薄力粉が向いている」というのはお菓子作りの通説。はたしてどのくらいの違いが出るのか？ 検証してみました！

	スポンジ向け薄力粉	薄力粉	強力粉
グルテン	非常に少ない	少ない	多い
キメ	大きめ	こまかい	詰まっている
食感	ふわっふわ！	ふんわり	もっちり、弾力あり
口どけ	抜群によい	よい	少しざらつく
用途	ショートケーキ、ロールケーキなど	万能、なんでもいける！	ティラミスなど、シロップを多くうつもの

小麦粉の個性が食感の違いに！ お店の味をめざすならスポンジ向け一択

焼き上がりの高さや色合いには、大きな差は見られなかった小麦粉違いの焼き比べ。しかし、食べてみるとその違いは歴然でした。最もふわふわで口当たりが軽く、なめらかな舌ざわりだったのは、お菓子専用に製粉され、スポンジ作りに向いている「特宝笠」や「スーパーバイオレット」です。生地の骨格となるタンパク質量が少なく、粉の粒度もこまかいのが特徴です。パティスリー仕様のスポンジをめざすなら、小麦粉選びにもこだわって！

ショートケーキ の相談室

Q るいさんがショートケーキに共立てを推す理由は?

A キメがこまかく、均一にふくらみやすいからです

スポンジ生地は、全卵を泡立てて作る「共立て」と、卵黄と卵白を別々に泡立てる「別立て」の2種に大別されます。共立ては、メレンゲの出来に左右される別立てと比べ、均一でなめらかな泡ができやすいのが特徴。

Q スポンジにバターの筋が残ってしまいました

A とかしバターを乳化させるのがポイント

バターの筋が残る原因は、生地とバターが均一にまざっていないこと。この失敗を防ぐには、少量の生地ととかしバターをあらかじめまぜてから、全体の生地に加えるワザが効果的。まぜすぎを恐れず、完全に乳化させて。

Q 回転台がないとナッペはできない?

A 「なんちゃって」な出来になっちゃいます…

ケーキに生クリームをぬる「ナッペ」は、お菓子作りの中でも難度の高い技術。きれいに仕上げるには専用の回転台が必須です。ただ、四角いスポンジなら回転させる必要はなし。丸型ではなく、角缶で焼くのも手です。

Q デコレーションケーキのしぼりとナッペ、どう練習する?

A 発泡スチロールと色をつけたショートニングで!

常温のショートニングを軽く泡立てると、何度でも使える練習用クリームのでき上がり。スポンジの代用には、円柱状の発泡スチロールがぴったりです。くり返し練習して、爆速でスキルアップ!

Q バースデーケーキとして贈りたいときには?

A クッキーにメッセージを書いてプレートに♡

長方形や楕円形などに焼いたクッキーに、チョコレートでメッセージを書けば、温かみのあるバースデープレートに。トーストなどにぬる「チョコレートスプレッド」を使うと簡単。またはチョコペンを使ってもOK。

コルネは長く持ってやさしい力で

17

chiffon cake
シフォンケーキ

CHAPTER 1　基本のお菓子

RECIPE

やわらかいのに
こまかい気泡がしっかり、
が理想の食感。
メレンゲの泡を
つぶさずに焼き上げて

空洞ができたり、ふくらまなかったりと、難しいイメージの強いシフォンケーキ。ごまかしがきかないシンプルなお菓子だからこそ、生地作りの工程をていねいに重ねることが大切。特にメレンゲをつぶさないのが最重要。しっとりやわらかいのに軽く、こまかな気泡が舌の上でしゅわっと消えるような食感をめざしましょう。

材料　17cmのシフォン型1台分

A｜ 卵黄…60g
　　グラニュー糖…25g
　　バニラビーンズペースト(p.119)…2g
太白ごま油（またはサラダ油）…30g
牛乳…60g
B｜ 卵白…120g
　　グラニュー糖…60g
　　塩…1g
薄力粉…80g
ベーキングパウダー…3g

下準備

・型の芯に
　クッキングシートを巻く

芯の部分にのみ、クッキングシートを巻いておく。型にはオイルやバターはぬらないこと。

・粉類をふるう

薄力粉とベーキングパウダーを合わせてふるっておく。できれば2回ふるうとよい。

・卵白は冷やしておく

卵黄と卵白は完全に分け、卵白は泡立てる直前まで冷蔵室で冷やしておく。

プロのコツ

1 卵黄生地を
　しっかり乳化させる

2 メレンゲを
　泡立てすぎない

3 メレンゲをつぶさない

卵黄生地を作る

1　卵黄とグラニュー糖はよくすりまぜる

ボウルにAを入れ、すりまぜる（p.104）。グラニュー糖が均一にまざればOK。

**2　太白ごま油を加えたら
とろっとするまでよくまぜます**

ごま油を加えたら泡立て器でよくまぜ、とろっと乳化させる。

**3　牛乳は加える前に
30秒レンチン！
生地になじみやすくなります**

耐熱容器に牛乳を入れ、電子レンジで30秒ほど温める。人肌程度の温度にすることで、なじみやすくなる。

4　温めた牛乳を加える

❷のボウルに牛乳の半量を加えてよくまぜ、なじんだら残りの牛乳を加える。

**5　まぜる！乳化して
見た目「おいしそうな生地」に
なるまで**

よくまぜ、先に加えた油分となじませる。まだ粉類は加えないので、シャバシャバしていて正解。均一にまざり、ツヤのある見た目になったらOK。

メレンゲを作る

6　ハンドミキサーで卵白をほぐしまぜる

清潔なボウルに卵白と塩を入れ、ハンドミキサーで卵白のコシを切るようにほぐしまぜる。ボウルや泡立て器に油分がついていると、泡立ちが悪くなるので注意。

⑦ グラニュー糖は3回に分けて加えるのがコツ！

FIRST
グラニュー糖の1/3量を入れ、白っぽくなるまでハンドミキサーの中速で泡立てる。

SECOND
残りのグラニュー糖の半量を加え、さらに泡立てる。卵白が空気を含んでカサがふえ、もったりしてくる。

THIRD
残りのグラニュー糖を加え、持ち上げたときに、ボウルに残ったツノがたゆんとおじぎするくらいのかたさまで泡立てる。

シフォンケーキ、最大のコツ
ツノがたゆん♡のメレンゲをめざしましょう

ツヤがなくボソついていたら泡立てすぎ。粉がまざりにくくなるので注意して。

▶ オーブンの予熱スタート、170度にセット！

生地を作る

⑧ 卵黄生地に1/3量のメレンゲをよくなじませる

1/3量のメレンゲをまぜることで、卵黄生地をメレンゲと同じくらいのもったり感に。かたさを合わせることで、あとに加える粉類、残りのメレンゲが均一にまざりやすくなる。

⑨ 粉を加えたらツヤが出るまで「の」の字まぜ

ふるった薄力粉とベーキングパウダーを加え、ゴムベらで「の」の字を書くようにまぜる。粉けがなくなり、ツヤが出るまでしっかりまぜて。

⑩ 残りのメレンゲは底からすくうようにまぜます

残りのメレンゲを2回に分けてまぜる。ここからはメレンゲの気泡をつぶさないことが大事！ 底からすくうようにして大きくまぜ、全体にメレンゲがなじめばOK。

ツヤツヤでふわふわ。すでにおいしそう

型に流す

11 生地は1カ所から流し込みぐるりと1周させましょう

1カ所から生地を落としていくと、重みで生地が流れる。

1周してつながった！

つながったら型を回し、生地の上に生地を重ねるようにして流していく。

少しゆすって平らにならす。

12 竹串ぐるぐるで生地の中の大きな気泡を逃がします！

竹串を垂直に刺し、先端を底につけたまま円を描くように動かす。

型を手前に回しながら、ぐるぐるとうずを描いて1周させる。これにより、生地を流すときに入り込んだ空気を逃がす。

13 生地を型にすりつけると均一にふくらみます

ゴムべらで芯から円周のふちへと表面の生地をすりつける。型の真ん中のほうがふくらみやすいので、外側を高くして、ふくらみ方を均一に。

焼く

14 170度に予熱したオーブンで30分ほど焼く

170度に予熱したオーブンで30分ほど焼く。温度が高すぎても低すぎても失敗の原因になるため、庫内温度計で庫内の温度をはかるのがおすすめ。

冷ます

15 逆さにしてあら熱をとる

オーブンから出したら、型ごと逆さまにし、安定したびんに筒の部分をさしてそのまま冷ます。

16 冷蔵室でしっかり冷やす

あら熱がとれたら、ラップをかけて冷蔵室で3時間以上冷やす。

型からはずす

17 ペティナイフは 型に押しつけるイメージです

よく切れるペティナイフを側面に入れ、型を回しながら1周させる。

底をぐっと押して側面の型をはずしたら、芯の部分を押さえながら底にペティナイフを入れ、はがす。

18 クッキングシートを引っぱって芯をはずす

芯に巻いた紙を引き抜き、ひっくり返してはずす。

しっかり高さのあるキメこまかなふんわりシフォンに♡

ARRANGE RECIPE 1

Matcha chiffon cake
抹茶のシフォンケーキ

抹茶の香りとほろ苦さに
癒やされる、和のシフォンです
お店でも定番人気の味

抹茶やココアなどで生地をアレンジするときは、パウダーを足した分だけ、薄力粉をマイナス。下準備で、薄力粉、ベーキングパウダーと合わせてふるい、抹茶を均一にまぜておくのがポイントです。

材料　直径17cmのシフォン型1台分

- A
  - 卵黄…60g
  - グラニュー糖…25g
  - バニラビーンズペースト(p.119)…2g
- 太白ごま油(またはサラダ油)…30g
- 牛乳…60g
- B
  - 卵白…120g
  - グラニュー糖…60g
  - 塩…1g
- C
  - 薄力粉…72g
  - ベーキングパウダー…3g
  - 抹茶…8g

下準備

- 卵白は冷やしておく
- 型の芯にクッキングシートを巻く
- Cを合わせてふるっておく

作り方

1. ボウルにAを合わせ、すりまぜる。
2. ごま油を加え、よくまぜ合わせて乳化させる。
3. 牛乳を電子レンジで30秒ほど温め、2回に分けて加え、そのつど、しっかりまぜて乳化させる。
4. 別のボウルにBの卵白と塩を入れてほぐし、グラニュー糖を3回に分けて加え、そのつど泡立て、持ち上げたときにツノがたゆんとおじぎするかたさまで泡立てる。
5. ❸に❹の1/3量を加えて泡立て器でなじませ、ふるったCを加えて、ツヤが出るまでゴムべらでまぜる。
6. 残りの❹を2回に分けてまぜ、生地を型に流し込む。
7. 170度に予熱したオーブンで30分ほど焼き、焼き上がったら逆さにしてあら熱をとり、ラップをかけて冷蔵室で3時間以上冷やしてから、型からはずす。

ARRANGE RECIPE 2

Tea chiffon cake
紅茶のシフォンケーキ

煮出した紅茶と砕いた茶葉のW使いで
風味豊かに焼き上げて。
鼻をくすぐる紅茶の香りがぜいたくです

卵黄＋グラニュー糖、油分、水分（ミルクティー）の順でよくすりまぜ、完全に乳化させるのがコツ。同じ要領で、牛乳とコーヒー液を合わせて60gにしたものを加えれば、カフェオレシフォンのアレンジに。

材料　直径17cmのシフォン型1台分

水…60g
牛乳…70g
紅茶（茶葉）…4g
A　卵黄…60g
　　グラニュー糖…25g
太白ごま油（またはサラダ油）…30g
B　卵白…120g
　　グラニュー糖…60g
C　薄力粉…80g
　　ベーキングパウダー…3g
　　こまかく砕いた紅茶の茶葉…1g（なくてもOK）

下準備

・卵白は冷やしておく
・型の芯にクッキングシートを巻く
・Cを合わせてふるっておく

作り方

1. 小なべに水を沸騰させ、茶葉を入れて軽く煮立たせる。
2. 牛乳を加えてまぜ合わせたら、こして、60gをはかる。足りなければ牛乳を足す。
3. ボウルにAを合わせ、よくすりまぜ、ごま油を加えてさらにまぜ、乳化させる。
4. ❷のミルクティーを加え、よくまぜる。
5. 別のボウルにBの卵白を入れ、グラニュー糖を3回に分けて加え、そのつど泡立て、持ち上げたときにツノがたゆんとおじぎするかたさまで泡立てる。
6. ❹に❺の1/3量を加えて泡立て器でなじませ、ふるったCを加えて、ツヤが出るまでゴムべらでまぜる。
7. 残りの❺を2回に分けてまぜ、生地を型に流し込む。
8. 170度に予熱したオーブンで30分ほど焼き、焼き上がったら逆さにしてあら熱をとり、ラップをかけて冷蔵室で3時間以上冷やしてから、型からはずす。

シフォンケーキ の相談室

Q メレンゲがボソボソになっちゃった

A 砂糖10gを加えてなじませて

ボソボソのメレンゲは、卵白から水分が分離し、卵白の泡がくずれてしまっている状態です。砂糖には水分をキャッチして卵白の泡を安定させる働きがあるため、少量の砂糖をやさしくなじませることで、分離を抑えることができます。

Q メレンゲが安定しません…！

A クリームタータを入れると、キメがこまかく、強いメレンゲに！

クリームタータとは、L-酒石酸水素カリウムという食品添加物。卵白に加えると、キメこまかいメレンゲが安定して作れ、扱いが格段にラクに。シフォンがしっかり均一にふくらむので、絶対に失敗したくない人におすすめです。

YAKIKURABE

シフォンケーキ を クリームタータの有無 で焼き比べ

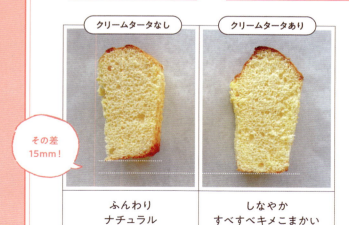

クリームタータなし / クリームタータあり

その差 15mm！

ふんわり ナチュラル / しなやか すべすべキメこまかい

**焼き上がりのボリュームにも明らかな差が！
メレンゲを使うお菓子の救世主です**

クリームタータは、卵白に加えるグラニュー糖にまぜて使用。卵1個につきひとつまみが目安です。クリームタータ入りのメレンゲは、多少手荒にまぜても気泡が消えにくく、焼き上がりもふんわりボリューミー！　シフォンケーキにありがちな失敗回避にイチ推しの救世主的材料といえるでしょう。

Q 型からきれいにとり出せません

A 型に沿うように
ナイフを動かすのがコツ!

ボロボロになる原因は、ナイフの扱い方。シフォンケーキにナイフの先が当たらないよう、ナイフは常に型と平行に、型に押しつけてすべらせるように動かしましょう。刃が細い「シフォンナイフ」を使うのも◎。

Q 底にボコボコと
大きな穴が…!

A 生地を型に流したら、
竹串でまぜて空気を逃がして

生地を型に流すとき、生地と生地の間に空気が入り込んでしまうことが原因です。竹串で小さな円を描きながらぐるりと1周させ、大きな空気を逃がしましょう。特に抹茶やココア生地は粘度が高いので、念入りに!

Q クリームで
デコレーションしたいときは?

A 回転台にのせて、
パレットナイフでナッペ!

表面をクリームで飾りたいときには、ショートケーキと同じ要領(p.14参照)でナッペをします。中心はパレットナイフにクリームをとって壁面に当て、回転台を回してぬり広げます。

Q 型からはずしたら
縮んでしまいました

A 完全に冷めるまで
はずしちゃダメーーー!

温かい蒸気が残っていると、型からはずしたときに焼き縮みが起こります。焼き上がったらすぐに逆さまにして放置し、あら熱をとって。その後、冷蔵室で3時間〜ひと晩冷やして、芯までしっかり冷やします。

Q 焼き上がりの底に
トンネルみたいな空洞が…!

A 原因は乳化不良、
または焼くときの温度不足

卵黄生地が乳化していないと、底に沈んだ水分が水蒸気となって膨張し、空洞や大穴の原因に。卵黄、油分、水分の順で加え、きちんと乳化させて。それでも穴があくときは、オーブンの温度を10度上げましょう。

Q 焼き上がりが腰折れしちゃう!

A メレンゲを泡立てすぎているかも?
オーブンの温度もチェック!

腰折れとは、焼き上がりにくびれができてしまう失敗。メレンゲのキメがあらかったり、泡立てすぎて分離してしまったりすることが原因です。オーブンの温度を少し上げ、焼き時間をのばすことも対策に。

Pound cake
パウンドケーキ

RECIPE

バターと砂糖を白っぽく軽くなるまで泡立てるのが重要。しっかりふくらみキメこまかに

作ること自体は決して難しくないパウンドケーキですが、各工程をなんのために行うのかを理解すると、劇的においしく、食感よく、きれいな仕上がりに。特にバターの泡立ては、ふんわり感を決める最重要工程！白っぽくなるまで十分に泡立てて。

材料　7×16×高さ7.5cmのパウンド型1台分

- バター（食塩不使用）…80g
- 上白糖…90g
- とき卵…70g
- A｜薄力粉…80g
- 　｜アーモンドパウダー…15g
- 　｜ベーキングパウダー…1.5g
- 牛乳…10g
- バニラオイル…4振り

下準備

・型にクッキングシートを敷く
クッキングシートを型の大きさに合わせて切り、敷き込む（詳しい切り方は、p.112へ）。

・バターと卵は室温にもどす
バターと卵は使う30分～1時間ほど前から室温にもどしておく。

バターは、指で押すとあとがつく程度のやわらかさが目安。

・粉類はふるっておく
薄力粉、アーモンドプードル、ベーキングパウダーは合わせてふるう。

プロのコツ

1 バターはホイップ状になるまで泡立てる

2 粉類を加えたら、恐れずにツヤが出るまでまぜる

3 焼成の途中で、切り込みを入れる

生地を作る

1 バターと上白糖は 白っぽくふわっと軽く

ボウルにバターを入れ、ハンドミキサーで全体をまぜたら、上白糖の半量を加える。

全体がなじんだら、残りの上白糖を加えてさらに泡立て、白っぽくふわっと軽いホイップ状にする。

2 卵は少しずつまぜる

卵を数回に分けて加え、そのつど、ハンドミキサーでよくまぜて乳化させる。

パウンドケーキ プロのコツ
分離しちゃった？ 大丈夫！ 粉の力できれいな生地に

バターと卵がうまく乳化せず、分離してしまっても大丈夫。ふるったAの半量ほどを全体に振りかけ、よくまぜると薄力粉が卵の水分とバターの油分のつなぎ役となり、きれいな生地に。

オーブンの予熱スタート、170度にセット！

3 ふるった粉類を加え、 ツヤが出るまでしっかりまぜる

残りのAを加え、ゴムべらで全体をしっかりまぜる。ボウルの側面についた粉は、ゴムべらでこそげとるようにして合わせる。

まぜすぎを怖がらず、粉けがなくなって、ツヤが出るまでよくまぜて。

4 牛乳を加え、まぜる

牛乳とバニラオイルを加えてさらにまぜ、全体にきれいになじませる。

型に流す

5 隅まで生地を
押し込むのがコツ！

型に、ゴムべらで生地を入れる。

ゴムべらの角を使い、四隅にすき間があかないように生地を詰める。

表面をならし、10cmくらいの高さから型を落として、空気を抜く。

焼く

6 170度に予熱したオーブンで40分ほど焼く

途中で中央に切り込みを入れる

オーブンに入れて15分ほどしたら、一度とり出し、真ん中に包丁で切り込みを入れる。これにより空気の逃げ道ができて、ケーキが山形に形よくふくらむ。

割れ目に軽く焼き色が入り、竹串で刺してもベタベタした生地がついてこなければ焼き上がり。

冷ます

7 型からはずして、あら熱をとる

10cmほどの高さからなべ敷きなどの上に軽く落としてから型からはずし、網の上であら熱をとる。

8 ラップで包んでねかせる

さわれるくらいの温かさになったら紙をはずし、ラップで包んでねかせる。完全に冷めるまでほうっておくと、水分が抜けてパサパサになってしまうので注意！

YAKIKURABE

パウンドケーキ を 製法の違い で 焼き比べ

	フラワーバッター法	シュガーバッター法	ジェノワーズ法
		この本で採用	
手順	バターと粉類を泡立ててから、砂糖と卵を合わせる	バターと砂糖を泡立ててから、卵と粉類をまぜ合わせる	卵と砂糖を泡立て、粉類、とかしバターの順で合わせる
基本の作り方	1 クリーム状にねったバターと粉類を合わせ、よく泡立てる。 2 とき卵と砂糖を合わせる。 3 ❶に❷を数回に分けて加える。 4 オーブンで焼く。	1 クリーム状にねったバターに砂糖を加え、白っぽくなるまでよく泡立てる。 2 とき卵を数回に分けて加える。 3 ふるった粉類を加え、粉けがなくなるまでまぜる。 4 オーブンで焼く。	1 とき卵に砂糖を加え、湯せんで人肌くらいまで温める。 2 ハンドミキサーで泡立てる。目安は、持ち上げたときに生地がリボン状に流れ落ちるくらいのかたさ。 3 ふるった粉類を2回に分けてまぜ合わせる。 4 ❸の生地の一部をとかしバターに加えてまぜ、しっかりと乳化させてから残りの❸に加え、さっくりまぜる。 5 オーブンで焼く。
プロのコツ	あっさりした味わい。フルーツをねり込んだり、抹茶などのフレーバーを生かしたいときに。	見た目や味に「パウンドケーキらしさ」を求めるときには、シュガーバッター法！	バターの香りが際立つ、軽い仕上がり。よくふくらむので、型に対して入れすぎないこと。

「パウンドケーキ」の主な材料は、バター、砂糖、卵、小麦粉の4つ。素朴なお菓子ですが、実は代表的な作り方だけでも5つ！ 材料は同じでも、作り方で驚くほど違いが出ます。レシピ本やパティスリーで採用されることの多い3種の製法で検証！

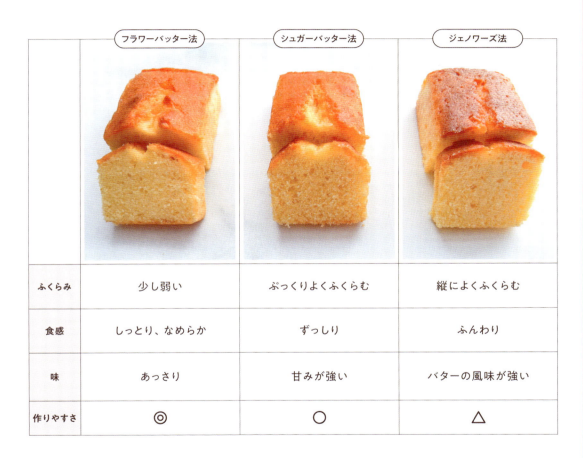

	フラワーバッター法	シュガーバッター法	ジェノワーズ法
ふくらみ	少し弱い	ぷっくりよくふくらむ	縦によくふくらむ
食感	しっとり、なめらか	ずっしり	ふんわり
味	あっさり	甘みが強い	バターの風味が強い
作りやすさ	◎	○	△

食感と見た目に顕著な違いが！気分や好みに合わせて選んで

ふくらみ方と食感に大きな違いが出たほか、味の感じ方にも差が出る結果に。どれも個性的な仕上がりでそれぞれにおいしいから、作り比べて好みの製法を見つけるのも楽しいかも！

ARRANGE RECIPE 1

Salted caramel pound cake
塩キャラメルのパウンドケーキ

材料 7×16×高さ7.5cmのパウンド型1台分

基本のパウンドケーキの材料(p.29)…全量

● 塩キャラメルペースト
グラニュー糖…35g
生クリーム(乳脂肪分40%)…25g
塩…2g

作り方

1. 耐熱容器に生クリームを入れ、電子レンジで10秒加熱する。
2. 小なべにグラニュー糖を入れて中火で加熱し、なべをゆすりながら全体がキャラメル色になったら火を止め、❶と塩を加えて、よくまぜて乳化させる。
3. 20度以下まで冷ます。
4. パウンドケーキの生地を作り、❸を加え、ゴムべらで2〜3回大きくまぜたら、型に流す。
5. 170度に予熱したオーブンで40分ほど焼く。

ARRANGE RECIPE 2

Rum raisin pound cake
ラムレーズンのパウンドケーキ

材料 7×16×高さ7.5cmのパウンド型1台分

基本のパウンドケーキの材料(p.29)…全量

● ラムレーズン
レーズン…120g
ラム酒…30g

作り方

1. 小なべに湯を沸かし、レーズンをゆでる。ふんわりしてきたらざるに上げ、水けをきってあらく刻む。
2. ボウルに❶とラム酒を合わせ、10分ほどおく。
3. パウンドケーキの生地を作り、❷を加えてゴムべらでまぜ合わせ、型に流す。
4. 170度に予熱したオーブンで40分ほど焼く。

パウンドケーキ の相談室

Q パウンドケーキが
ふくらみません

A バターをしっかり
泡立てましょう！

パウンドケーキのふくらむ力の源は、バターが抱える空気。バターをしっかり泡立てると、抱え込んだ空気が加熱によって膨張し、生地がふんわりふくらみます。鉄板ごと予熱して、下火を強化するのも効果的。

Q パサパサに
なってしまった…！

A 焼き上がったあと、
冷めるまで放置してませんか？

完全に冷めるまでほうっておくと、熱とともに水分が蒸発して、パサつき・かたさの原因に。表面が冷め、さわれるくらいの温かさになったらラップで包んでねかせましょう。

Q 乳化が苦手。分離させない
ためにはどうしたら？

A 小麦粉を上手に使うと、
乳化の失敗を防げます

卵の分量が多いため、バターに少しずつ加えても分離してしまうことも。でも、小麦粉を入れれば乳化が促進されるので気にしすぎなくて大丈夫。また、乳化が苦手ならフラワーバッター法（p.32）で作るのも手です。

Q ねかせると
おいしくなるって本当？

A 本当です！ ひと晩おくと、
生地がなじんでしっとり

焼きたての表面がカリッとしたパウンドケーキもおいしいですが、ねかせるとしっとり感が増して、味のまとまりもよくなります。生地の粉っぽさもなく、口当たりもなめらかに。

Q 1本でプレゼントするときの
「映えテク」を知りたい！

A 表面にアイシングを
かけるのがおすすめ

アイシングでコーティングするだけで、よそゆき感がアップ！ ドライフルーツやナッツをのせて、アイシングをかけるのもおしゃれです。透明シートで包み、リボンをかければすてきなプレゼントに。

Financier
フィナンシェ

36　CHAPTER 1　基本のお菓子

RECIPE

バターをどこまで焦がすかに、作り手の個性があらわれます。好みの焦がし具合を研究するのも楽しい！

フランス語で「資産家」「お金持ち」を意味するフィナンシェ。金の延べ棒をイメージした形に加え、バターの芳醇（ほうじゅん）な香りもリッチな縁起のよい焼き菓子です。バターは焦がせば焦がすほど濃厚な味わいに。この本では、焦がしは控えめにしています。バターを焦がしすぎないことで、香ばしさとはちみつのやさしい風味と共存し、だれもが好む味わいに。

プロのコツ

1. 紅茶色の焦がしバターで風味よく安定した味に

2. 卵白とグラニュー糖＆はちみつは湯せんでとかす

3. しぼり出し袋で型に流し入れ、均一な美しさに

材料 フィナンシェ型8個分

- バター（加塩）…60g
- 卵白…60g
- グラニュー糖…25g
- はちみつ…10g
- 薄力粉…30g
- アーモンドパウダー…24g
- ベーキングパウダー…1g

下準備

・型に離型油を振る
離型油（p.112）がない場合は、バターを薄くぬって強力粉を振ってもOK。

・粉類を合わせてふるう
薄力粉、アーモンドパウダー、ベーキングパウダーを合わせて、目のあらい裏ごし器でふるっておく。

焦がしバターを作る

① 泡が透明→白になったら焦げ始めるので、紅茶色になるまでまぜながら注視!

小なべにバターを入れて弱火にかける。ふつふつと透明な泡が出てきたら、なべをゆすりながら加熱する。泡が透明なうちは焦げないのであわてなくて大丈夫。

泡が白くこまかくなってきたら、ミニ泡立て器でまぜながら加熱し、紅茶色に色づいたら火を止める。

② なべ底を水につける

なべ底を水につけ、余熱で焦げすぎるのを防ぐ。バターに火を入れる前に、ボウルに水を用意しておくのも大事なポイント。

③ こして雑味をオフ! クリアな風味に

あら熱がとれたら、こし器に通す。大きな焦げはここでとり除く。

生地を作る

④ 卵白をほぐす

泡立て器で卵白をときほぐす。

⑤ グラニュー糖＋はちみつを加えたら、湯せんで手早くとかして!

> 卵白のコシがきれて、サラサラになったらOK

グラニュー糖とはちみつを加え、湯せんにかけながらまぜる。生地をねかせずにすぐに焼くため、グラニュー糖を完全にとかすことが目的。卵白を泡立てないように、泡立て器は水平にシャカシャカと動かす。

オーブンの予熱スタート、190度にセット!

⑥ 粉類を一気に加える

合わせてふるっておいた薄力粉、アーモンドパウダー、ベーキングパウダーを一気に加え、粉けがなくなるまで泡立て器でまぜる。

7 焦がしバターを加える

❸を加えて、泡立て器で全体をまぜ合わせる。

8 ゴムべらで仕上げまぜ！

ゴムべらに持ちかえ、ボウルの底からすくうようにして生地をまぜる。まぜムラをなくし、均一な焼き上がりに。

型に流す

9 しぼり出し袋に入れる

コップなどに口金をつけないしぼり出し袋をかぶせ、生地を入れる。

10 しぼり入れれば、均一に

しぼり出し袋の口を切り、しぼり出し袋を左から右へとゆっくり動かして、型に等分にしぼり入れる。型の底を軽く台にトントンと当て、表面をならす。

入れすぎた場合、スプーンの背でなでるようにとると◎。

焼く

11 190度に予熱したオーブンで10分ほど焼く

10〜12分焼いたら、クッキングシートを敷いたケーキクーラーの上に出して、あら熱をとる。

焼きたてはカリカリ、翌日はしっとり♡

さわれるくらいの熱さになったら、すぐに密閉容器に入れて保存して。

ARRANGE RECIPE 1

Hazelnut financier & Pistachio financier
ヘーゼルナッツフィナンシェ & ピスタチオフィナンシェ

ヘーゼルナッツやピスタチオの
香り高さを生かしつつ、
くどすぎない上品な味わいに

プレーンのフィナンシェで使用するアーモンドプードルの半量を、ヘーゼルナッツ、またはピスタチオのパウダーにおきかえます。深いコクとナッツ感と、食べ飽きない軽やかさのバランスを追求しました。

材料 フィナンシェ型8個分

- バター（加塩）…60g
- 卵白…60g
- グラニュー糖…25g
- はちみつ…10g
- A
  - 薄力粉…30g
  - アーモンドパウダー…12g
  - ヘーゼルナッツパウダー（またはピスタチオパウダー）…12g
  - ベーキングパウダー…1g

下準備
- 型に離型油（p.112）を振るか、バターを薄くぬって強力粉を振っておく
- Aは合わせてふるっておく

作り方

1. 小なべにバターを入れて弱火で熱し、焦がしバターにする。ヘーゼルナッツフィナンシェ用のバターは、少し深め、濃い茶色まで焦がすとよい。
2. ボウルに卵白をときほぐし、グラニュー糖とはちみつを加えたら、湯せんにかけてまぜ、グラニュー糖を完全にとかす。
3. ふるっておいたAを加え、泡立て器で粉けがなくなるまでまぜる。
4. ❶をこして加えて泡立て器でまぜ合わせ、ゴムべらに持ちかえて全体をまぜる。
5. しぼり出し袋に入れて型にしぼり、190度に予熱したオーブンで10分ほど焼く。
6. 焼き上がったら型からはずしてあら熱をとり、さわれるくらいの熱さになったら密閉容器に入れる。

フィナンシェ の相談室

Q フィナンシェが割れません
A 深い型を使うと解決！

外側に熱が入って固まったあと、内側に火が入るときに生地が膨張することで、ぷっくりした割れに。外と内の温度差をつくるためには、シャンティーヌ型やマフィン型など、深めの型を使うのが手軽です。

Q きれいな角が出ません
A 型に流す生地の量を減らしてみて

お菓子は見た目の美しさも大事！ きれいな角ができると、「お店っぽさ」が爆上がりします。コツは、型に生地を流す分量。型の8分目程度にすると、ふくらんでも形がぼやけずシュッとしたラインが出ます。

Q バターは必ず焦がさないとダメ？
A 好みの焦がし具合を見つけて

焦がし具合は、レシピによってさまざまです。焦がすほどに香ばしさの余韻が続く、濃厚な味わいに。軽めに仕上げたいときは、焦がし度を浅くしてもOK。ただ、焦がしが浅すぎるとふくらみが悪く、ベタッとする原因に。

Q 焼きムラができてしまった！
A 金属製の型を使いましょう

焼きムラができるのは、生地に均一に熱が伝わっていないため。シリコン型を使っているなら、金属製のものにかえてみて。ムラなくきれいに焼けるうえ、フィナンシェらしいカリッとした歯ざわりを生むのにも適しています。

Q 周りが焦げちゃった…！
A オーブンの温度を10度下げてみましょう

オーブンの熱は、生地の外側から中心へと伝わります。温度が高すぎると、周囲が焦げる原因に。庫内温度計で正確な温度を確認して、190度になるように設定を。庫内温度計がないときは、180度に下げて焼いてみて。

Scones
スコーン

RECIPE

作業時間は10分！
バターは切るだけ、
粉けがあってOK。
雑に作るほうが
おいしく仕上がります

ザクザクと香ばしい食感をめざすなら、バターはすりまぜずに、カードで切るだけに。生地もきれいになじませず、粉けが残っているくらいがいい。適当に作るからこそ、最高においしくなるズボラ万歳レシピです。甘さは控えめ、ジャムやクリームとも合います。

材料 4個分

- バター（加塩）…40g
- 薄力粉…70g
- 強力粉…50g
- 上白糖…20g
- ベーキングパウダー…5g
- とき卵…30g
- プレーンヨーグルト…30g
- ツヤ出し用とき卵…適量

下準備

- バターは角切りにし、冷やしておく
  バターは1cm角に切って計量し、ボウルへ。使うまで冷蔵室で冷やしておく。

- 卵とヨーグルトはまぜ合わせる
  卵とヨーグルトはよくまぜておく。

プロのコツ

1. 「適当」にまぜ、バターを生地に散らばせる

2. 生地を4層に重ねて外はザクザク、中はしっとりに

3. 包丁でサクッと切って成形、映える断面に

生地を作る

1 粉類を雑にまぜる。
雑なほどいいんです！

ボウルに薄力粉、強力粉、上白糖、ベーキングパウダーを入れ、カードでまぜ合わせる。

2 カードで
バターを切るようにまぜる。
引き続き、
雑に適当にお願いします

冷やしておいたバターを加え、カードでバターを切る。バターの角がとれて、小さくなればOK。バターをつぶしすぎると、層ができないので「雑に、適当に」が大切！

スコーン 最大のコツ
ポロポロが残ってOK！

バターの粒が焼いている間にとけてしみ込み、外はガリッとワイルドに、中はしっとりやさしい食感に。

*バターが
あずき〜だいずサイズの
そぼろ状に
残っているのが
正解！*

3 卵とヨーグルトをなじませる

合わせておいた卵とヨーグルトを一気に加え、カードで切るようになじませる。

生地をまとめる

4 粉けが残るうちに
作業台に出してひとまとめに

生地がポロポロとまとまり出したら、作業台に出して、まとめる。粉けはねかせる間になじむので、まぜすぎない。

5 2〜3cm厚さにのばす

手で生地を広げ、2〜3cm厚さの四角にする。

6 半分に切って重ね、バターの層を作る

カードで生地を半分に切って重ね、手で2～3cm厚さにのばす。ベタつきが気になるときは、軽く打ち粉をする。

7 もう一度生地を重ねてのばす

これによって生地が4層に重なり、バターの粒が生地に散らばる。

生地をねかせる

8 冷蔵室で休ませる

ラップをかけて、冷蔵室で2時間ほどおく。ひと晩おいても問題ないので、夜に生地を作り、朝に焼くのもおすすめ。

／すぐに焼きたいときは、ねかせなくてもOK！＼

オーブンを予熱、200度にセット！

成形する

9 4等分にカット！ギコギコ引かずにストンと切って

包丁で四辺を切り落とし、4等分に切る。包丁をまっすぐ下ろしてストンと切ると、焼き上がりもきれいな断面に。

焼く

10 卵をぬり、200度に予熱したオーブンで15分ほど焼く

クッキングシートを敷いた天板に❾を並べ、表面にハケで卵をぬる。側面につくと、ふくらみが悪くなるので注意。❾で切り落とした生地も一緒に並べて焼き、おやつに。200度のオーブンで15分ほど焼く。

焼きたてのおいしさが味わえるのは、手作りの醍醐味

ARRANGE RECIPE 1

Whole wheat scones
/全粒粉スコーン/

材料 4個分

バター(加塩)…40g
A│薄力粉…70g
　│全粒粉…35g
　│上白糖…20g
　│ベーキングパウダー…5g
B│ヨーグルト…30g
　│とき卵…30g
ツヤ出し用とき卵…適量

下準備

・バターは1cm角に切って冷やしておく
・Bはよくまぜる

作り方

1. ボウルにAを入れ、カードでまぜ合わせる。
2. 冷やしておいたバターを加え、カードで切るようにまぜる。バターの角がとれ、小さくなればOK。
3. 合わせておいたBを一度に加えて、カードで切るようになじませる。
4. 粉けが残るうちに作業台に出し、手でひとまとめにする。ベタつきが気になるときは打ち粉をし、2〜3cm厚さに広げ、カードで半分に切って重ねる。これをもう一度くり返す。
5. 2〜3cm厚さの正方形にととのえ、ラップで包んで冷蔵室で2時間ねかせる(ねかさずに焼いてもよい)。
6. オーブンを200度に予熱している間に、生地をカットする。包丁で四辺を切り落とし、4等分に切る。
7. クッキングシートを敷いた天板に並べ、ツヤ出し用の卵を上面に薄くぬり、200度のオーブンで15分ほど焼く。

全粒粉の香ばしい風味と
独特のザクザク食感が楽しい！
栄養価もアップします

プレーンの強力粉を全粒粉に。ただし、全量を全粒粉にすると、生地がかたくなり、ふくらみにくくなってしまいます。全粒粉の風味を生かしながら、中はしっとりした食感になる配合にこだわりました。

ARRANGE RECIPE 2

American Scones
ホワイトチョコとクランベリーの
アメリカンスコーン

そのままでしっかり甘みのある
アメリカンタイプ。
コーヒーとのペアリングが最高！

ジャムやクリームと一緒に食べることを想定し、甘さ控えめなイギリス式に対して、アメリカンスコーンは甘みも十分！ ミルクチョコレートやナッツ類、ドライフルーツなど、好きな具材でアレンジして。

材料 6個分

バター（食塩不使用）…40g
A│ 薄力粉…70g
 │ 強力粉…50g
 │ 上白糖…35g
 │ ココアパウダー…10g
 │ ベーキングパウダー…5g
B│ 牛乳…30g
 │ とき卵…30g
C│ ドライクランベリー…30g
 │ ホワイトチョコレート…30g
ツヤ出し用とき卵…適量

下準備

・バターは1cm角に切って冷やしておく
・Bはよくまぜる

作り方

1. ボウルにAを入れ、カードでまぜ合わせる。
2. 冷やしておいたバターを加え、カードで切るようにまぜる。バターの角がとれ、小さくなればOK。
3. Cを加え、合わせておいたBを一度に加えて、カードで切るようになじませる。
4. 粉けが残るうちに作業台に出し、手でひとまとめにする。ベタつきが気になるときは打ち粉をし、2〜3cm厚さに広げ、カードで半分に切って重ねる。これをもう一度くり返す。
5. 2〜3cm厚さの円形にととのえ、ラップで包んで冷蔵室で2時間ねかせる（ねかさずに焼いてもよい）。
6. オーブンを200度に予熱している間に、カードで生地を6等分にカットする。
7. クッキングシートを敷いた天板に並べ、ツヤ出し用の卵を上面に薄くぬり、200度のオーブンで15分ほど焼く。

YAKIKURABE

スコーン を バターの温度の違い で焼き比べ

スコーンには、この本で紹介した冷たいバターで作る方法と、室温にもどしたやわらかいバターを使う作り方があります。それぞれの特徴を焼き比べ!

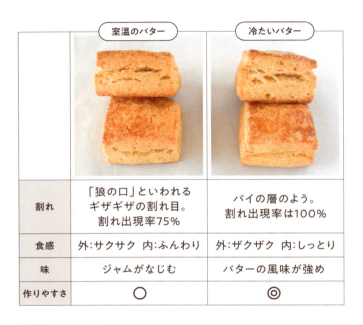

	室温のバター	冷たいバター
割れ	「狼の口」といわれるギザギザの割れ目。割れ出現率75%	パイの層のよう。割れ出現率は100%
食感	外:サクサク 内:ふんわり	外:ザクザク 内:しっとり
味	ジャムがなじむ	バターの風味が強め
作りやすさ	○	◎

ふんわり系なら室温、ザクッとワイルド系が好みなら冷たいバターをチョイス!

バターの温度の違いが最も影響するのは、焼き上がりの食感。室温のバターを使うと、バターが生地全体になじみます。バターの水分が焼いている間に気泡となってふくらみ、分厚いホットケーキのような食感に。一方、冷たいバターは、生地の中にバターの粒が散らばっている状態。加熱すると、表面はとけ出したバターでガリッと揚げ焼きに、中はとけだしたバターがしみてしっとり食感に。バターの風味をよりダイレクトに感じる味わいです。

[ポイントはバターのなじみ方]

▼焼く前

焼く前の生地の断面を見ると、室温のバターは粉にやわらかくなじんで一体感があるのに対し、冷たいバターはパイのように粉とバターの層ができていることがわかります。この差が、食感や割れ方、味わいの違いにまでつながります。お菓子って奥深い!

Q 室温のバターでスコーンを作るときのコツは?

A 打ち粉をして、手早く作業しましょう!

バターが完全にとけないうちに、手早く生地を完成させることが大事。冷たいバターよりベタつきやすいものの、打ち粉をすれば初心者でも問題なく作業できます。

___スコーン___ の相談室

Q スコーンが
うまくふくらみません

A ツヤ出し用の卵液がサイドに
つかないように気をつけて

卵液が側面につくと、ふくらみにくくなるので注意。また、冷たいバターで作るときはあまり心配いりませんが、作業中にバターがとけてしまうこともふくらまない原因になります。合言葉は、「スコーンは雑に適当に！」。

Q スコーン生地は冷凍できる？

A 成形して冷凍を！

冷凍すれば1カ月ほど保存可能。カットして1つずつラップで包んで冷凍しましょう。焼くときは、解凍せずそのまま予熱したオーブンへ。15分ほど焼いて、表面においしそうな焼き色がついていればOKです。

おいしいスコーンは「狼の口」がパックリ！

Q 丸いスコーンを作りたいときは？

A 型で抜きましょう

セルクルなどで型抜きをすれば、丸型のスコーンも簡単に。ただ、型抜き後に残った生地をまとめ直したものは、サクサク感や口どけのよさで劣ります。残った生地はできるだけこねず、カットして焼くのがおすすめ。

Q おいしいリベイクの方法は？

A レンジで10秒、
トースターで1分！

スコーンを最高においしく食べるなら、焼きたて熱々が一番！　冷めてしまったときには、リベイクして焼きたてのおいしさを復活させて。1個につき電子レンジで10秒温めてから、オーブントースターで1分焼いて召し上がれ。

49

Diamant cookies

ディアマン
(基本のクッキー)

RECIPE

小麦粉とバターを
手ですり合わせ
手のひらのつけ根で
すりつける。
グルテンが出にくく
サクホロ食感に

サクッと軽く、ホロッとほどける基本のクッキー生地。手で小麦粉とバターをすりまぜておき、バターをすりつけるようにつぶすのが、この食感を出すポイントです。型抜きしたり、タルト型に敷き込んだりと、さまざまなレシピに応用できるのでぜひマスターを。

材料 約30個分

バター（食塩不使用）…100g
とき卵…16g
A｜薄力粉…140g
　｜強力粉…20g
　｜粉糖…50g
　｜アーモンドパウダー…30g
　｜塩…0.5g
グラニュー糖…適量

下準備

・バターをカットして冷蔵室へ
バターは角切りにして計量し、使うまで冷蔵室で冷やしておく。

プロのコツ

1. なめらかな表面に仕上げるため、粉糖を採用！

2. バターを均一にまぜ、サクッ&ホロッ！の食感に

3. タオルの上でカットし、美しすぎる正円に！

基本のクッキー生地を作る

1 粉類と粉糖、塩をよく合わせる

ボウルにAを入れ、よくまぜる。

2 カードは垂直に動かして！
バターをこまかく切りましょう

バターを加え、カードでバターをこまかく切る。フードプロセッサーにかけてもOK！

3 両手ですり合わせ、
砂っぽいサラサラ状に！

粉類とバターを手ですり合わせて、バターの粒をよりこまかくつぶしながらまぜる。サラサラの砂状になり、ぎゅっと握ってもほどけるくらいが目安。

ディアマン 最大のコツ

ホロッと食感を生む
"サブラージュ法"です

粉類とバターをあらかじめまぜることで、あとから卵を加えてまぜたときにグルテンが形成されにくくなります。これにより、サクッ、ホロッとした食感に仕上がります。

---

4 卵を加えて、カードでまぜる

カードで切るようにまぜ、卵を全体に行き渡らせる。

5 手でこねてひとまとめに

ボウルに押しつけるようにして、生地をひとまとめにする。

6 手のひらのつけ根で
台にすりつけるようにのばす！

作業台に出し、生地をひとつかみ分ずつとって、手のひらのつけ根で生地を台に押しつけ、手前から奥へとのばし、また奥から手前へと引き戻す。この作業を、ひとつかみ分ずつくり返す。フレゼという技法で、生地のキメがととのってツヤが出て、焼き上がりは繊細なサクサク食感に。

BEFORE フレゼ前　　**AFTER** フレゼ後

美人になりました♡

7 ひとまとめにする

フレゼした生地をまとめる。

成形する

8 直径3cmの円柱状に

台の上で転がして、直径3cmの円柱状に成形する。ラップと筒状のディアマンクッキー型を使うと、きれいな円が作れる。

9 冷蔵室でねかせる

ラップで包み、タオルの上にのせてそのまま冷蔵室で1時間以上ねかせる。

オーブンの予熱スタート、150度にセット！

10 グラニュー糖をまぶす

側面に水を薄くつけ、グラニュー糖を入れたバットの上で転がして、グラニュー糖をまぶす。

11 美しい正円にするには タオルの上で切るのです！

四つ折りにしたフェイスタオルの上にラップを敷き、包丁で8〜10mm幅に切る。タオルがクッションの役割をして、円がつぶれるのを防いでくれる！

焼く

12 150度に予熱したオーブンで20分ほど焼く

クッキングシートを敷いた天板に並べ、150度に予熱したオーブンで20分ほど焼く。焼き上がったら、網の上で完全に冷ます。

プロのコツ

フードプロセッサーで時短&美麗なサブラージュ生地に！

フードプロセッサーを使うと、サブラージュ生地が簡単に。Aをフードプロセッサーに入れてかくはんし、冷たいバターを入れて、サラサラの砂状になるまでかくはんします。卵を加えてさらにかくはんし、まとまってきたら台に出して❻のフレゼをし、ラップで包んで冷蔵室で休ませて。粉が飛び散ることもなく、コツいらず！

ARRANGE RECIPE 1〜5

5 Varieties of diamant cookies
ディアマン5種

全種類、制覇したい！
センスが光る大人な味わい

基本のクッキーをマスターしたら、パウダーや具材でアレンジも自由自在。色とりどりのディアマンは見た目も華やかで、プレゼントにもぴったりです。

① ほうじ茶×オレンジピール　約35個分

バター（食塩不使用）…100g
とき卵…16g
A　薄力粉…140g
　　ほうじ茶パウダー…20g
　　粉糖…50g
　　アーモンドパウダー…30g
オレンジピール…60g

・「基本のクッキー」の強力粉を、ほうじ茶パウダーにおきかえる。
・オレンジピールは、「基本のクッキー」の工程6のフレゼのあとにまぜる。
・オレンジピールは好みで増量してもOK。

② 抹茶　約30個分

バター（食塩不使用）…100g
とき卵…16g
A　薄力粉…140g
　　抹茶パウダー…20g
　　粉糖…50g
　　アーモンドパウダー…30g

・「基本のクッキー」の強力粉を、抹茶パウダーにおきかえる。

③ いちご×ホワイトチョコ　約35個分

バター（食塩不使用）…100g
とき卵…16g
A　薄力粉…140g
　　いちごパウダー…20g
　　粉糖…50g
　　アーモンドパウダー…30g
ホワイトチョコチップ…60g

・「基本のクッキー」の強力粉を、いちごパウダーにおきかえる。
・ホワイトチョコは、「基本のクッキー」の工程6のフレゼのあとにまぜる。
・チョコチップは好みで増量してもOK。

④ アールグレイ　約30個分

バター（食塩不使用）…100g
とき卵…16g
A　薄力粉…140g
　　強力粉…20g
　　粉糖…50g
　　アーモンドパウダー…30g
　　アールグレイ茶葉…3g

・「基本のクッキー」の材料に、アールグレイ茶葉をプラスする。
・アールグレイ茶葉は、粉類と一緒に加える。
・茶葉の量は好みで調節してもOK。

⑤ ココア×ココナッツ　約30個分

バター（食塩不使用）…100g
とき卵…16g
A　薄力粉…140g
　　ココアパウダー…20g
　　粉糖…50g
　　アーモンドパウダー…30g
ココナッツファイン…12g

・「基本のクッキー」の強力粉を、ココアパウダーにおきかえる。
・ココナッツファインは、「基本のクッキー」の工程5でまぜ、一緒にフレゼする。
・ココナッツファインの量は好みで増量してもOK。

YAKIKURABE

ディアマン（基本のクッキー）を バターの状態の違い で焼き比べ

	室温のバター（クレメ法）	冷たいバター（サブラージュ法）	とかしバター
形	丸い形、角ともに美しい	丸い形はきれい！角はイマイチ	少しいびつな丸。角は出にくい
味	美味	美味	少し油っぽい
食感	サクサクしていて、歯ざわりがよい	サクッ&ホロッとほどける食感	ザクッとしたしっかり食感
作りやすさ	◎	◎	○

▼焼く前

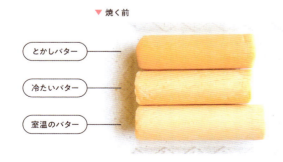

- とかしバター
- 冷たいバター
- 室温のバター

最も変わるのは食感！
求める食感に合わせて作り分けて

室温のバターを泡立てるクレメ法、この本で紹介したサブラージュ法、とかしバターに砂糖、卵、小麦粉をねり合わせる作り方の3種で焼き比べ。クレメ法はサクサクしていて歯ざわりが抜群。サブラージュ法はグルテンの形成が少なく、ほどけるような食感。とかしバターはザクッとした食感と、三者三様の味わいに！

Cutout cookies
型抜きクッキー

美しい仕上がりの秘訣はルーラーを使うこと。
スタンプ型で一気に今どきに

ディアマンの生地をのばして、型で抜いたクッキー。ルーラー（p.121）で厚さを均一にしてお店のような仕上がりに。スタンプ式の型で抜けば、映え度が一気に上がります！

材料

天板2枚分
基本のクッキー生地…全量

「ディアマン」の工程7までは同じ！

CHAPTER 1　基本のお菓子

RECIPE

成形する

1 **ルーラーで厚さを均一に。3mm厚さにのばす**

作業台にラップを広げ、生地の半量をのせ、上からもう1枚のラップではさむ。両端にルーラーをおいて、3mm厚さにのばす。

2 冷蔵室でねかせる

まな板やバットにのせて、冷蔵室で1〜2時間おく。

オーブンの予熱スタート、150度にセット

3 型で抜く!

好みの型で抜き、天板に並べる。型抜き後の余った生地は、残りの半量の生地と1:1の割合で合わせてのばすと、無駄なく使い切れる。

スタンプ式の型がおすすめ!

焼く

4 150度に予熱したオーブンで12分ほど焼く

クッキングシート(またはシルパン)を敷いた天板に並べ、12分ほど焼く。

5 冷ます

裏返して、きつね色に色づいていれば焼き上がり。焼き色がついたものからとり出すと、全体がムラなくきれいに焼ける。オーブンから出したら、網に並べて完全に冷ます。

Sable poche
しぼり出しクッキー

必ず粉糖を使い、
卵白をしっかり泡立てれば
しぼりやすく美しい仕上がりに

美しい形と軽い歯ざわりを実現するには、バターになじみやすい粉糖を使うことと、卵白の泡立てが重要。やわらかくしぼり出しやすくなるので、きれいな形も作りやすい。

材料

天板1枚分

バター（食塩不使用）…50g
粉糖…40g
卵白…16g
薄力粉…90g

下準備

・バターを室温にもどす

RECIPE

生地を作る

1. バターをクリーム状にする

ボウルにバターを入れ、ハンドミキサーでクリーム状になるまでねる。

2. 粉糖を加えて、ふんわり白っぽくなるまで泡立てる

粉糖なので、バター＋上白糖よりも泡立ちは早め。白っぽいホイップバター状になればOK。

3. 卵白を2回に分けて加え、しっかり空気を含ませて

卵白の半量を加え、ハンドミキサーの中速で泡立てる。しっかりなじんだら残りの卵白を加えて、さらに泡立てる。しっかりなじんでからも1〜2分泡立てて、空気をたっぷり含ませる。

4. ゴムべらで縦に5〜6回切りまぜたら、ボウルを90度ずつ回転！

薄力粉を加え、ゴムべらでまぜる。ゴムべらは一方向に切るように動かすのがコツ。5〜6回切りまぜるごとに、ボウルを90度回転させて同様に切りまぜる。

オーブンの予熱スタート、150度にセット

しぼり出す

5. しぼり出し袋にゴムべらひとすくい分を入れる！入れすぎ注意です！

星口金（8切り♯6がおすすめ）をセットしたしぼり出し袋に、ゴムべらひとすくい分の生地を入れる。たくさん入れすぎると、しぼり出し袋が破ける原因に。

6. 天板にしぼり出す

ロザス

2連ロザス

クッキングシートを敷いた天板に、一口サイズの丸い形になるようにしぼり出す。しぼり方は好みでアレンジしてOK！中央にドレインチェリーをのせても。

焼く

7. 150度に予熱したオーブンで20分ほど焼く

150度に予熱したオーブンで20分ほど焼く。焼き上がったら網にとり出し、完全に冷ます。

口の中でほろりとほどける
特徴的な食感を出すには、
バターがとけないようにまぜて

Snowball cookies
スノーボールクッキー

雪玉のように白く、口の中でほろっとはかなくほどける食感が人気のクッキー。バターがとけないようにまぜるのがコツ。丸める前に計量すれば均一で見た目も美しく。

材料

約40個分
バター(食塩不使用)…70g
A │ 薄力粉…100g
　│ アーモンドパウダー…20g
　│ 粉糖…20g
トッピング用粉糖…適量

下準備

・バターは小さめの角切りにし、冷やしておく

RECIPE

生地を作る

1 粉類とバターをカードで切りまぜる

ボウルにAを入れてカードでまぜ合わせる。バターを加え、カードでバターをこまかく切りまぜる。

2 バターが*とけきらないように*　*素早くすりまぜる！*

両手ですりまぜ、ポロポロのそぼろ状に。バターがとけきってしまうと、食感がかたくなるので手早く作業するのがコツ。

3 手のひらでぎゅっと押してひとまとめに

手のひらをボウルに押しつけるようにして、生地をまとめる。

▼ オーブンの予熱スタート、170度にセット！

成形する

4 *5gずつ丸める！*　計量してから丸めれば均等に

スケールにバットをのせて、5gずつ計量してから丸めていく。

成形する

5 170度に予熱したオーブンで20分ほど焼く

クッキングシートを敷いた天板に❹を並べ、170度のオーブンで20分ほど焼く。ひっくり返してみて、底に焼き色がついていればOK。

6 粉糖を振る

バットにとり出し、粉糖をふるいかける。

オーブンから出してすぐ！

さわれるくらいの熱さになったら、もう一度粉糖をふるって完成。全体にまんべんなくつけたいときは、ポリ袋に粉糖とクッキーを入れて軽く振りながらまぶしてもOK。

（あら熱がとれたら2回目）

Galette bretonne
ガレット ブルトンヌ

ザクッとした食感を出すには
生地をねらないこと。
卵の二度ぬりでラインがきれいに

歯ごたえとボリューム感のある厚焼きクッキー。ザクッ、ホロッとした独特の食感を出すには、生地をまぜすぎないのがポイントです。

材料
直径約6cm×9個分

A | バター（食塩不使用）…90g
  | グラニュー糖…60g
  | バニラビーンズペースト（p.119）…3g
  | 塩…1g

  | 卵黄…16g
B | 薄力粉…80g
  | 強力粉…20g
  | アーモンドパウダー…10g

C | 卵黄…6g
  | 牛乳…3g

下準備
- バターは室温にもどしておく
- Bの粉類は合わせてふるっておく
- Cを合わせ、卵液を作る

RECIPE

生地を作る

1 バター、グラニュー糖、バニラビーンズペースト、塩をまぜる

ボウルにAを入れ、ゴムべらでクリーム状になるまですりまぜる。

2 卵黄を加える

卵黄を加え、まぜ合わせる。

3 ほろっとくずれる食感は「ねらない」が大切！

ふるったBを加えたら、ゴムべらを一方向に動かして切るようにまぜる。5～6回切りまぜたら、ボウルを90度回転させ、まんべんなくまぜる。

粉けがなくなればOK!

成形する

4 1.3mm厚さにのばし、冷蔵室でねかせる

まな板にラップを広げ、❸の生地をのせてもう1枚のラップではさむ。両端をルーラーではさみ、めん棒で1.3mm厚さにのばす。ラップで包み、冷蔵室で1時間以上冷やす。

5 型で抜き、卵液をぬって、冷蔵室へ

丸型で抜き、ハケで表面にCを合わせた卵液をぬる。ラップをかけずに冷蔵室で30分冷やし、乾かす。

オーブンの予熱スタート、160度にセット！

6 もう一度、卵液をぬってから3本歯のフォークで線をつける！

❺の表面が乾いていたら、再び卵液をハケでぬり、フォークで線をつけ、カップに入れる。

焼く

7 160度に予熱したオーブンで45分ほど焼く

天板に並べ、160度のオーブンで45分ほど焼く。1つカップをはがして、側面と底面に焼き色が入っていたら、焼き上がり。網に出して、完全に冷ます。

Craquant aux amande
クラッカン アマンド

カリッと軽くて
どこか懐かしい素朴な味。
卵白消費にもおすすめ！

クラッカンとは「カリカリした」という意味。メレンゲを光沢が消えるまでしっかり泡立て、気泡をつぶさないようにまぜるのがコツ。アーモンドの香ばしさがクセになります。

材料

天板2枚分
- 卵白…40g
- グラニュー糖（A）…30g
- アーモンドパウダー…60g
- グラニュー糖（B）…40g
- 薄力粉…15g
- アーモンドホール…適量

下準備

- Bのグラニュー糖、アーモンドパウダー、薄力粉は合わせてふるう
- アーモンドホールを150度のオーブンで10分焼いて冷ます（素焼きのものはしなくてOK）

RECIPE

生地を作る

1　卵白にグラニュー糖（A）を3回に分けて加え、泡立てる

ボウルに卵白を入れてハンドミキサーでほぐし、グラニュー糖（A）を3回に分けて加え、そのつどしっかり泡立てる。

クラッカン アマンド 最大のコツ
めざすのは "マットな泡立ち"

メレンゲの光沢が消えてきたら、気泡が均一になり、しっかり泡立った証拠。ピンとツノが立つ、マットな泡立ちをめざしましょう。

2　粉類とグラニュー糖を加えたらメレンゲの気泡をつぶさないように、切るようにまぜて

アーモンドパウダー、グラニュー糖、薄力粉を合わせてふるい、ゴムべらでさっくりまぜる。粉けがなくなったらOK。

▼ オーブンの予熱スタート、160度にセット！

しぼり出す

3　しぼり出し袋に入れる

丸口金をセットしたしぼり出し袋に入れる。

4　天板の上にしぼり出す

クッキングシートを敷いた天板の上に、直径2cmほどの丸の形になるようにしぼり出す。

5　アーモンドをのせる

素焼きしたアーモンドを押しつけるようにのせる。

焼く

6　160度に予熱したオーブンで10分、150度で10分ほど焼く

160度のオーブンで10分焼いたら、150度に温度を落としてさらに10分ほど焼く。焼き上がったら、あら熱をとって完成。

クッキー の相談室

Q ガレット・ブルトンヌの線が
きれいに出ません

A 卵液を二度ぬりすると、
ラインがばっちり決まります

ポイントは、1回目の卵液が乾いてから2回目をぬること。表面を乾かすため、卵液をぬったあとはラップをせずに冷蔵室に入れ、30分冷やします。一度ぬりと二度ぬりを比べると、違いは歴然！

1回　　　2回

Q クッキーの生地を
ねかせるのはなぜ？

A グルテンを落ち着かせ、
作業しやすくするためです

小麦粉と水分をこねると、グルテンが形成されます。グルテンが多いと生地ののびが悪く作業しづらいため、冷やしてグルテンの働きを弱めます。生地中のバターが冷えかたまり、生地のダレやベタベタ感が抑えられるメリットも。

Q しぼり出しクッキーの生地が
かたすぎて、しぼりにくい

A 「泡立て」の工程がポイントです！
しっかり泡立てて！

本書のしぼり出しクッキーは、しぼりやすい生地になるよう、水分の多い卵白とバターによくなじむ粉糖を使用。それでもかたい場合は、泡立て不足。バターと粉糖の泡立てはもちろん、卵白を入れたあともしっかり泡立てて。

Q クッキー生地がベトベトして
うまく成形できません

A 室温を下げましょう！

冷蔵室でねかせてから成形しても、ベタつき、生地のやわらかさが気になる場合は、部屋の温度が高すぎる可能性が大！ お菓子作りに適した温度は15〜20度です。夏場で室温を十分に下げられないときは、冷蔵室から少量ずつ出して作業するといいでしょう。

Q 型抜きして余った生地は、
のばし直して焼ける？

A 作りたての生地と
1：1で合わせましょう

型抜き後の生地（二番生地）は、こね直すことでグルテンが形成されるため、食感や風味が劣ります。生地の半量を型抜きし、余った生地は残りの型抜き前の生地（一番生地）と1：1で合わせることで、遜色ない味わいに。

66　　CHAPTER 1　　基本のお菓子

CHAPTER 2

バリエーションを広げる

人気のお菓子

popular sweets

パイ、タルト、シュークリームなど難易度の高いお菓子も、材料の配合や温度管理、型選びなど、プロ目線でのコツを押さえれば必ず上手にできます！ こまかいところまで、手を抜かずにていねいに工程を重ねることで、思わぬ失敗を防ぐことができ、完成度も高まります。

Gâteau au chocolat
ガトーショコラ

「もう1切れ食べたい」と思える
重すぎない食感をめざす。
決め手はメレンゲを
つぶさないこと！

材料 直径15cmの底が抜ける丸型1台分

卵黄…40g
グラニュー糖（A）…30g
卵白…85g
グラニュー糖（B）…55g
薄力粉…20g
ココアパウダー…25g
製菓用スイートチョコレート…50g
バター（食塩不使用）…35g
生クリーム（乳脂肪分40～45%）
　…40g

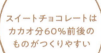

スイートチョコレートは
カカオ分60%前後の
ものがつくりやすい

下準備

・型にクッキングシートを敷く
底面に直径15cmの円形、側面に帯状のシートを敷く（p.112）。くずれやすいので、型は底が抜けるものがおすすめ。

・粉類を合わせてふるう
薄力粉とココアパウダーをボウルでまぜてからふるう。2種類を合わせる粉のふるい方はp.103。

・湯せんの用意をする
フライパンに50～60度の湯を用意する。

RECIPE

1 チョコレートを湯せんにかけてとかす

ボウル（小）にチョコレート、バター、生クリームを入れて湯せんにかけ、ゴムべらでまぜながらとかす。チョコレートがとけたら火からおろし、40度くらいの温かさをキープしながら湯せんする。温度が下がってきたら、再び火にかける。火にかけ続けると、材料が変質したり、生クリームの水分が蒸発して膜が張ったりするので注意して。

**大きいチョコは刻みましょう！
タブレットチョコはそのまま使えます！**

乳成分の入っていないスイートを選んで

タブレットタイプの製菓用チョコレートなら、刻む手間がありません。分厚いかたまりのまま入れると生クリームの水分が蒸発するのでNG！

2 卵黄を泡立てる

ボウル（大）に卵黄を入れ、グラニュー糖（A）を加え、湯せんにかけてまぜる。人肌くらいに温まったら、湯せんからはずし、ハンドミキサーで白っぽくなるまで泡立てる。ハンドミキサーの羽根は卵黄を泡立てたあと、素早くきれいに洗って卵白の泡立てに使う。

**生クリームは温めすぎると
膜を張ってしまいます。
40度くらいをキープ！**

まぜながらとかす

3 卵白を泡立てる

ボウル（中）に卵白を入れ、グラニュー糖（B）を3回に分けて加えながら、ハンドミキサーでキメこまかく、安定したメレンゲを作る。やわらかすぎるとつぶれ、かたすぎると分離するので、「たゆん」とおじぎする程度に！ グラニュー糖の加え方、泡立て方のコツはp.21と同じ。

**実はメレンゲが命！ 泡立てすぎず、
「たゆん」としておじぎするくらいが正解**

たゆん

オーブンの予熱スタート、170度にセット！

4 卵黄にメレンゲと粉類をまぜる

卵黄のボウルにメレンゲの1/3量を加えてまぜ、粉がなじみやすいようにする。次に粉類を加え、さっくりとまぜる。このとき粉が消えるまでまぜきらないのが、メレンゲをつぶさずふわっと仕上げるコツ！さらに残りのメレンゲを2回に分けて加え、さっくりとまぜる。

5 生地にチョコレート液を加える

湯せんにかけたチョコレートのボウルに、❹の生地の一部を加えて乳化させてから、戻してまぜ合わせる。

6 型に流し、170度に熱したオーブンで焼く

型にていねいに流し込み、170度のオーブンで35分ほど焼く。中央に竹串を刺して、生地がついてこなければ焼き上がり。生の生地がついたら、あと5〜10分焼く。焦げそうなら、アルミホイルをかぶせる。くずれやすいので、網などの上で型ごと冷ます。完全に冷めたら型から出し、好みで、茶こしで粉糖を振る。
食べる前に、電子レンジで20〜30秒温めるとふんわり！

メレンゲと粉のまぜ方は、3ステップ！
1/3→粉類→残りの順で加えます。
粉はまぜきらないで！

メレンゲ1/3量
次に加える粉がなじみやすいように、最初にメレンゲをまぜておく。

粉類
メレンゲをつぶさないように、粉はまぜきらないでストップ！

メレンゲ残り2/3量
残りのメレンゲを2回に分けてさっくりまぜながら、粉もまざればOK。

乳化させてやわらかさをそろえると、まざりやすくなるのです！

ガトーショコラ の相談室

Q チョコレート生地が固まりません（泣）

A カカオ分60％前後の「スイート」を使って！

製菓用のクーベルチュールチョコレートは、カカオ分（カカオマスとカカオバターを合計した割合）をチェック。レシピどおりの％のものを使うのが基本ですが、生地が固まりやすいのはカカオ分60％前後の「スイート」です。30％前後の「ミルク」は固まりにくいため気をつけて。板チョコレートは植物性油脂などが含まれ、そのまま食べるために作られた商品。製菓用のチョコレートとは別物です。

	チョコレートの種類	
クーベルチュールチョコレート	スイート	カカオマス＋カカオバター＋糖分
	ミルク	カカオマス＋カカオバター＋糖分＋乳成分
	ホワイト	カカオバター＋糖分＋乳成分
板チョコレート		カカオマス＋カカオバター＋糖分＋乳成分＋植物性油脂など

Q 腰折れしてくびれができてしまいます

A メレンゲをつぶさない！トレハロースの利用も

メレンゲがつぶれるのが腰折れの主な原因。粉を入れるとき、粉が消えるまでまぜきろうとするとつぶれてしまうので、最後にまざればいいと考えて。加えるグラニュー糖の10％をトレハロース（p.117）におきかえるのも、つぶれにくくなります。

Q 重めのガトーショコラが好きです

A チョコの量をふやしてください！

好みでチョコレートの分量をふやすと、重量感を出せます。または、あえてメレンゲの泡立てを弱くすることで、詰まったガトーショコラを楽しめます。

Q ホイップクリームをおしゃれに添えるには？

A スプーン1本あれば簡単

「クネル」という方法をご紹介！ まず、かたく泡立てた生クリームをボウルのふちに寄せ、表面を平らに。湯で温めたスプーンでクリームを削るように外側へすくい、手前へ戻して卵形にします。ポン！とケーキにのせます。

Rolled cake
ロールケーキ

均一な厚みのロール生地で
美しい「の」の字に巻くには、
専用の天板と
L字パレットを使いましょう！

材料 30×24cmの天板1枚分

● スポンジ生地
卵黄…80g
グラニュー糖（A）…15g
はちみつ…10g
バニラオイル…4振り
卵白…160g
グラニュー糖（B）…80g
薄力粉…65g
バター（食塩不使用）…10g

● バニラクリーム
生クリーム（乳脂肪分40〜45％）
　…150g
グラニュー糖…22g
バニラビーンズペースト（p.119）
　…2g

天板は長方形だと、細巻きも太巻きも作れるのでおすすめです

下準備

天板にクッキングシートを敷く
クッキングシートを天板の底面よりひとまわり大きめに切り、四隅に斜めに切り込みを入れて敷く。

・薄力粉をふるう

・バターを湯せんする
p.9と同様に。

RECIPE

1 卵黄を泡立てる

ボウル（大）に卵黄を入れ、グラニュー糖（A）、はちみつ、バニラオイルを加える。バターをとり出したフライパンで湯せんしながら、手早くまぜる。人肌くらいに温まったら、湯せんからはずし、ハンドミキサーで白っぽくなるまで泡立てる。ハンドミキサーの羽根は卵黄を泡立てたあと、素早くきれいに洗って卵白の泡立てに使う。

2 卵白を泡立てる

ボウル（中）に卵白を入れ、グラニュー糖（B）を3回に分けて加えながら、ハンドミキサーでキメこまかく、安定したメレンゲを作る。クリームタータ（p.26）を入れてもよい。グラニュー糖の加え方、泡立て方のコツはシフォンケーキ（p.21）と同じ。

オーブンの予熱スタート、180度にセット！

3 卵黄にメレンゲと薄力粉をまぜる

卵黄のボウルにメレンゲの1/3量を加えてまぜ、次に薄力粉を加えてさっくりとまぜる。残りのメレンゲを2回に分けて加え、ツヤが出るまでさっくりとまぜる。とかしバターのボウルに生地をひとすくい加え、よくまぜて乳化させ、生地に戻し入れて「の」の字でまぜる。

4 天板に流す

生地を天板の中央1カ所に流し入れ、L字パレット（p.123）で平らにならす。まず左右へ大きく生地を流し、次に角に入れ込み、最後に1周させて凹凸のないきれいな平面に。
普通のパレットナイフは天板に当たってしまうので、L字パレットがなければ、大きめのカードを使って。

プロのコツ

メレンゲをつぶさず均一にまぜる！
キメこまかい生地が命！

メレンゲがかたまっていると空洞ができたり、メレンゲがつぶれてしまうとふくらまなかったりするので「つぶさず均一」が大事。

「左右→角→1周」の順に！
L字パレットで大きく流します

生地の"たまり"をつくる

左 / 右

→天板を回す / 角

1周

気泡がつぶれるのでさわりすぎない

角に入れたり、1周させるときは、天板を90度ずつ回しながら、手は同じ方向にして生地をならすとよい。

5 180度に予熱したオーブンで焼き、冷ます

180度のオーブンで10分ほど焼く。焼きかげんにムラが出やすいので、残り3分ほどで天板の向きを変えて調節する。焼き上がりの見極めは、「ロール生地の端と真ん中をやさしくさわったとき、感触が同じか」「角のシートをはがしてみて、裏面に薄く焼き色がついているか」をチェックする。
焼き上がったら、シートごと天板からとり出し、四辺のシートをていねいにはがして冷ます。

**焼き縮みを防ぐため
シートは四辺だけはがす**

乾燥を防ぐため、下のシートははがさない。

←ココ

6 クリームを巻く

ロール生地を冷ます間に、生クリームにグラニュー糖、バニラビーンズペーストを加え、サンドのかたさ（p.106）に泡立てる。クリームがゆるいと、巻いたあと円形を保てず楕円になり、きれいな断面にならない。
ロール生地が完全に冷めたら、新しいクッキングシートをかぶせて上下を返し、上になったクッキングシートと茶色い部分を一緒にはがし、きれいな黄色の面を出す。この面が巻いたとき外側になるよう、両手を開いてロール生地とシートの間に入れ、再度上下を返して茶色い面にクリームの全量をのせる。
L字パレットでクリームを広げ、手前を厚めにぬり、巻き終わり2〜3cmはほとんどぬらない（巻いたときにはみ出さないため）。パレットナイフやカードで手前から3cmのところに1本、折れ目を入れる。
手前のシートの下にめん棒を入れ、シートを巻きつけて持ち上げ、折れ目のところで曲げる。それを芯にして大きく1回くるっと巻く。巻き終わりのシートを片手で持ち、めん棒を押し当ててキュッとしめることで、断面が楕円になるのを防ぐ。

**きれいな円形を保つよう
ロール生地に「折れ目」を1本入れ
クリームは「かため」に！**

シートをはがす

返す

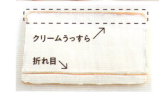

クリームうっすら
折れ目

7 ラップで包み、冷蔵室で冷やす

クッキングシートごとラップで包み、巻き終わりの「の」の字の終点の部分を下にして、冷蔵室で1時間ほど冷やす。食べるときに端を落とし、好みの大きさに切る。

**折ったところを芯にして
大きく1回くるっと巻きます**

シートの端にめん棒を巻きつけると、しっかり巻ける。

ロールケーキ の相談室

Q オーブン付属の天板を使ってもいい?

A 湾曲していることが多いため、ロールケーキ用の天板を推奨します

オーブン付属の天板を型にして生地を流すと、底面が湾曲しているため、きれいな平面になりません。また、天板のサイズが大きい場合には、生地に使う材料もかなり多くなってしまうため、専用の天板のほうが作りやすいです。

Q 天板のサイズが違うときは?

A 底面積に合わせて、分量を調整してください

この本の天板と、お手持ちの天板のサイズが違う場合には、底面積に合わせて分量を調整することで、同じ厚みのスポンジを焼くことができます。下記の計算例を参考にしてみて!

計算例

● この本の天板
30cm×24cm=720cm²

● 30×30cmの天板の場合
30cm×30cm=900cm²
900cm²÷720cm²=1.25
→ 材料をすべて1.25倍に

Q 茶色い面と黄色い面、どちらを表にする?

A 黄色い面を表にするほうが簡単

焼き色のついた面は、家庭用のオーブンだと色ムラが出やすく、シワが寄りやすい! シートをはがした黄色い面を表にするほうが簡単に見栄えがよくなります。

Q フルーツを巻くときのコツは?

A 大きめカットで1列がおすすめ

フルーツは水けがある場合は、よくとっておきます(p.108)。大きめに切り、小さい部分は重ねて、スポンジの折れ目に横1列に並べて巻きます。クリームとフルーツの間にすき間ができる場合は、クリームをぬって埋めましょう。

Q スポンジをピンクにしたい!

A 色粉を使うのが簡単

赤色と緑色は熱に弱く、特に自然由来のいちごパウダーなどは色がつきにくいです。きれいな色をつけたいなら、色粉(食用色素)を使うのがよいと思います。

Madeleine
マドレーヌ

最大のコツは
生地をしっかりねかせること！
グルテンの力が弱まり、
翌日以降もしなやかな舌ざわりに

材料 マドレーヌ型（シェル）8個分

- とき卵…50g
- グラニュー糖…55g
- はちみつ…5g
- 塩…0.5g
- 牛乳…5g
- バニラビーンズペースト（p.119）
  …1g
- 薄力粉…45g
- アーモンドパウダー…15g
- ベーキングパウダー…1.5g
- バター（食塩不使用）…50g

下準備

・粉類を合わせてふるう
薄力粉とアーモンドパウダー、ベーキングパウダーを合わせてふるう。

・バターを湯せんする
ボウルに小さめにカットしたバターを入れ、フライパンに50〜60度の湯を用意し、つけてとかす。40度くらいで保温しておく。

RECIPE

1 生地を作る

ボウル（中）に卵を入れ、グラニュー糖とはちみつ、塩、牛乳、バニラビーンズペーストを加え、泡立て器でよくすりまぜる。ふるった粉類を加え、粉っぽさがなくなるまでまぜる。ただし、まぜすぎないで！ グルテンの粘りが出て仕上がりがかたくなる。
湯せんした温かい液体状のバターを一度に加える。泡立て器でまぜたあと、最後はゴムべらにかえ、全体にツヤが出るまでまぜ合わせる。

まぜすぎ厳禁！
ふくらまない原因になるので材料がまざってツヤが出ればよい

粉っぽさがなくなるまで

バターを加えたらツヤが出るまで

2 生地をねかせる

生地をしぼり出し袋（口金なし、先端を切っていないもの）に入れ、冷蔵室で3時間ねかせる。
生地をねかせる間に、型を準備する。しぼる直前に離型油（p.112）をぬるか、バターをぬり、一度冷やしたあとに強力粉を振る。バターと強力粉の場合は、早めに用意し、使うときまで冷蔵室で型を冷やしておく。

オーブンの予熱スタート、180度にセット！

生地を十分にねかせることでグルテンの力を弱めます！

生地の骨格であるグルテンを弱めると、ぷっくりとふくらみ、しっとりとした焼き上がりが長続き。

このまま冷蔵室へ

3 型にしぼり、180度に予熱したオーブンで焼く

生地を型の8分目くらいまでしぼる。入れすぎるとあふれるので注意！ 180度のオーブンで18分ほど焼く。
焼き上がったら、すぐに型からはずす。冷めたら、OPP袋などに入れて密閉保存する。サイズが小さく、すぐに冷めるため、必要以上に放置するとパサつきの原因に！

ふくらむ分の余白を残して生地を入れる

スプーンよりも、しぼり出し袋のほうが均等に入れられる。

入れすぎない

Strawberry Muffin
いちごマフィン

いちごのコンポートと
クランブルは
「のせすぎ?」くらいに
たっぷりのせるとうまくいく

材料 直径6.3cmの
マフィン型6個分

● クランブル
バター（食塩不使用）…12g
グラニュー糖…12g
アーモンドパウダー…12g
薄力粉…12g

● いちごのコンポート
冷凍いちご…100g
グラニュー糖…50g

● マフィン生地
バター（食塩不使用）…75g
グラニュー糖…75g
とき卵…60g
薄力粉…120g
ベーキングパウダー…3g

> 生地にまぜる
> いちごのコンポートを
> 牛乳60gに変えれば、
> プレーンのマフィンに。
> 3回に分けて
> 生地に加えます

下準備

バターを準備する
・クランブル用は小さめに切って
　冷やす。
・マフィン用は室温にもどす。

マフィンの粉類をふるう
マフィン用の薄力粉とベーキング
パウダーを合わせてふるう。

冷凍いちごを1cm角に切る

RECIPE

1　クランブルを作る

ボウル（小）にグラニュー糖、アーモンドパウダー、薄力粉を入れ、カードでまぜ合わせる。冷たいバターを加え、カードでそぼろ状に刻む。使うときまで冷蔵室で冷やしておく。

ポロポロのそぼろ状になればOK

少し大きめの粒があるほうが、食感がいい。

2　いちごのコンポートを作る

耐熱容器に刻んだいちご、グラニュー糖を入れてまぜる。ラップはかけずに電子レンジで1分30秒加熱し、いったんとり出してまぜる。さらに1分30秒加熱し、冷ましておく。
トッピング用にいちごの果肉をとり分け、残りの液75gは生地にまぜるために残しておく。

トッピングに果肉をとり分け生地用に液を残す

グラニュー糖をまぶしてチン！

トッピング用／生地用

3　マフィン生地を作る

ボウル（中）にバターを入れ、グラニュー糖を2回に分けて加えながら、ハンドミキサーで白っぽくふんわりするまで泡立てる。卵を数回に分けて加え、よくまぜて乳化させる。ふるった粉類を加え、ゴムべらにかえ、ツヤが出るまでまぜる。生地の作り方は、パウンドケーキ（p.30）と同じ。いちごのコンポートの液を加え、きれいにまざったら、生地のでき上がり。

▶ オーブンの予熱スタート、170度にセット！

液が多めでも心配しないで！しっとり仕上がります

コンポートの液が多く感じますが、多めがおいしいのです！

4　170度に予熱したオーブンで焼く

型にグラシンカップを敷き、生地を均等に入れる。クランブルをまんべんなくのせ、トッピング用のコンポートを中央にのせる。170度のオーブンで25分ほど焼く。焼き上がったら、なべ敷きの上などに軽く落とす。型ごと冷まし、冷めたらとり出す。食べる前に、電子レンジで20〜30秒温めるとふんわり！

クランブルは全面に！ふくらむと広がります

焼き上がりは、意外と少なく見えてしまうので、「のせすぎ？」というくらいでOK。

YAKIKURABE

マドレーヌ生地 を ねかせる vs. ねかせない で焼き比べ

生地を冷蔵室でねかせた場合 / 生地をねかさずにすぐ焼いた場合
真ん中がぽっこりふくらむ / あまりふくらまず、平面的

冷蔵室で3時間ねかせた生地のほうが弾力が弱まりふくらんだ！

グルテン（小麦粉のタンパク質）は、生地をまぜてすぐは弾力が強く、ねかせると弱まっていく性質があります。実際に焼き比べてみると、冷蔵室で3時間ねかせた生地（左）のほうが、ふっくらふくらむという結果に！グルテンの力を弱めることで、しっとり感もアップしました。また、生地を冷蔵室で冷やして焼くと「おへそ」が出るのは、周囲と中心に温度差ができ、先に火の通りの早い周囲が固まって、あとから中心がふくらむことも理由です。

マドレーヌ の相談室

Q 「おへそ」が出なかった！
A 3つの原因が考えられます
1.生地をまぜすぎた（グルテンの力が強い）、2.生地の温度が高い、3.オーブンの温度が低い。どれに当てはまるか確認を！

Q 焼き色がつきません！
A 天板ごと予熱しましょう
オーブンによっては下火が弱く、焼き色がつきにくいことも。天板ごと予熱することで、下からの火が入りやすくなります。

Q 焼き色にムラがある…
A 型にぬる油を均一に！
バターや離型油にムラがあると、焼き色にムラができる原因に。バターはハケを使って、ていねいにのばすようにぬりましょう。

YAKIKURABE

マフィン生地 を 形状の違う型 で焼き比べ

きのこ形になる型
- 型からあふれてぷっくりふくらむ
- 表面が広くデコレーションしやすい
- 大きく見映えがする

一般的な型
- カップ内におさまりスタイリッシュ
- 焼く前のトッピングが流れにくい
- 側面の凹凸がなくラッピングしやすい

どちらもきれいに焼けるので、特徴を知って好みの型を選びましょう

マフィン型には、側面が斜めになっている型と、側面が垂直に立ち上がってきのこのような形になる型があります（p.122）。2つの型に、生地を1個あたり60gずつ入れて作ったところ、結果はどちらもきれいな焼き上がり！ 左のような特徴があるので、参考にして好みで選んでください。ちなみに、もし表面の割れを防ぎたい場合は「クランブルをのせる」「植物油を使うレシピを選ぶ」ことで軽減されます。

マフィン の相談室

Q 使い捨ての型で焼くときの注意点は？

A 型の大きさによって焼き時間を調整して

使い捨ての型でもおいしく焼けますが、型が小さいときは焼き時間を10分ほど短く設定してください。オーブンの温度は同じで大丈夫。竹串を刺してみて、生の生地がついたら、5〜10分追加で焼きましょう。

Q 同じマフィン生地でアレンジできる？

A 抹茶とチョコがおすすめ

マフィンは具材のアレンジOK！ おすすめは抹茶とホワイトチョコです。コンポートは牛乳60gに。薄力粉15gを抹茶パウダーに変え、ホワイトチョコレート50gを生地の最後に加えてまぜ、あとは同様に作ってください。

Apple pie
アップルパイ

| 材料 | 6×20cm 2本分 |

● パイ生地
バター（食塩不使用）…100g
強力粉…80g
薄力粉…30g
塩…2g
冷水…55g

● りんごのコンポート
りんご…450g
上白糖…150g
レモン汁…15g
シナモン
　…好みで（3振り程度）
洋酒…好みで（5g程度）

スポンジ…適量（70g程度）
とき卵…適量

> りんごは甘みのしっかりしたフジ、洋酒はカルバドスやブランデーがおすすめ

下準備

・材料を冷やしておく
バターを1cm角に切り、冷凍室で冷やしておく。その他の材料も冷凍室で冷やしておくとよい。

・天板にシルパンを敷く
クッキングシートよりシルパン（p.123）がおすすめ。

サクサクの秘訣は
バターを冷やしてから使い、
最初はつぶさないこと。
室温は15度がベスト！

RECIPE

1 生地を作り、冷やす

ボウル（中）に強力粉、薄力粉、塩を入れ、カードでまぜ合わせる。冷やしておいたバターを加えてまぜる。中心に冷水を加え、つぶさないでまぜ、ひとまとめにする。ラップで包み、冷蔵室で1時間ほど冷やす。

プロのコツ

バターをつぶさない！
ゴツゴツしたまま、まとめればOK

のばす工程でバターの層を作るため、ここではつぶさずにまとめるだけ。

2 三つ折りを6回くり返す

のし台に打ち粉（強力粉）を振り、生地を30×15cmくらいの縦長にのばす。生地を三つ折りにし、90度回転させ、再度のばして三つ折りにする。ラップで包み、冷蔵室で30分ほど休ませる。
上記をさらに2回くり返し、三つ折りを合計6回する（3の6乗＝729層になる）。

生地をしっかりのばして
三つ折りにします

ここでのばしが足りないとバターの厚みが均等にならず、ふくらみの悪い生地に。

3 りんごを煮る

りんごは皮をむき、2cm角に切る。なべにりんごと上白糖、レモン汁を入れ、まんべんなくまぜる。シナモンを入れる場合は、このときまぜる。5分ほど待ち、上白糖がしっとりしてきたら、弱火にかける。最初は焦げやすいのでまぜながら、りんごがしなっとして、液にとろみが出てきたらでき上がり。洋酒を入れる場合は、仕上げに振る。バットに移し、冷ます。

歯ごたえを残すならりんごは2cm角

くたくたが好きなら、もう少し薄く切ってもかまいません。

4 生地をカットする

パイ生地を3mm厚さ、20×25cmになるようにのばし、四辺をカットする。このときのばしすぎるとふくらみが悪くなるので、のばしすぎない。
縦4等分にカットし、2枚はメッシュローラーを転がして切れ目を入れる。室温が高くて生地がダレるとふくらまなくなるので、必ず冷たい状態でカットする。

オーブンの予熱スタート、200度にセット！

5 スポンジとりんごを包む

天板に切れ目の入っていない生地を2枚並べ、スポンジをくずしてのせ、りんごのコンポートをたっぷりのせる。四辺にハケで卵をぬり、切れ目を入れた生地をのせて接着させ、四辺をフォークで押さえる。

6 200度に予熱した オーブンで焼く

パイの表面に卵をぬる。生地の網目などの断面についてしまうと、卵が先に固まって生地がふくらまなくなるので、注意！卵をぬったら、200度のオーブンで20分ほど焼く。ツヤを出したい場合は、アプリコットジャムと水を半々で煮詰めたものを焼きたてにぬる。
アップルパイはぜひ焼きたてを！　冷めた場合は、電子レンジで30秒ほど温めたあと、オーブントースターで2分ほど焼くとおいしい。

メッシュローラーがあれば美しい網目が簡単に作れます

転がすだけで網目ができ、お店感が出るのでおすすめ！

汁けをキャッチするスポンジを敷くと断然おいしくなる！

りんごはたっぷり！

生地の断面に卵がつかないように注意！

ハケを短く持ち、表面だけにぬります

アップルパイ の相談室

Q メッシュローラーが
ないときは?

A 包丁で切れ目を入れて

ふたにするほうの生地を縦二つ折りにし、等間隔で横方向に切れ目を入れ、開きます。包丁で網状の切り込みを入れるのはプロでも難しいので、このやり方がおすすめ!

二つ折りにして切れ目を入れる / 開く

Q 生地がダレたら、
冷凍室に入れてもいい?

A かたさにムラが出るのでNG!
途中で冷やすときは冷蔵室

生地を冷凍室で急速に冷やすと、一部のバターはかたく、一部はやわらかい状態でかたさにムラができ、これをのばすと、ひび割れてしまうことがあります。そのため冷凍室ではなく、こまめに冷蔵室に入れて冷やすようにしましょう。

Q 塩って必要?

A グルテンを安定させるため、
入れ忘れに注意!

塩には、小麦粉のグルテンのコシを強くする性質があります。塩を配合した生地はよく締まって弾力があり、だれにくく、のばしやすくなります。パンを作るときに塩を入れるのも、同じ理由です。入れ忘れないようにしてください。

Q 冷凍してもいい?

A 焼く前の状態で
冷凍できます

2本のうち1本は冷凍してもいいですね! 成形した状態でラップで包み、フリーザーバッグに入れて冷凍を。冷蔵室で30分ほど、少しやわらかくなるまでもどしてから、同様に焼きます。

Q スポンジは省かない
ほうがいい?

A ぜひ入れてください!
カステラでもOK

スポンジは焼き上がると、クリームのようななめらかさに。汁けを吸ってくれて、パイもベチャッとせずサクッと焼けます。スポンジを焼いたときの切れ端や、カステラでもかまいません。

Q りんご以外の具材で
アレンジできる?

A さつまいもや
かぼちゃがおすすめ

アリュメット(長方形)のパイの場合は、さつまいもやかぼちゃ、レーズンなど、流動性のない具材が適しています。やわらかいクリームや水けの多いフルーツなどは、タルト皿を使います。

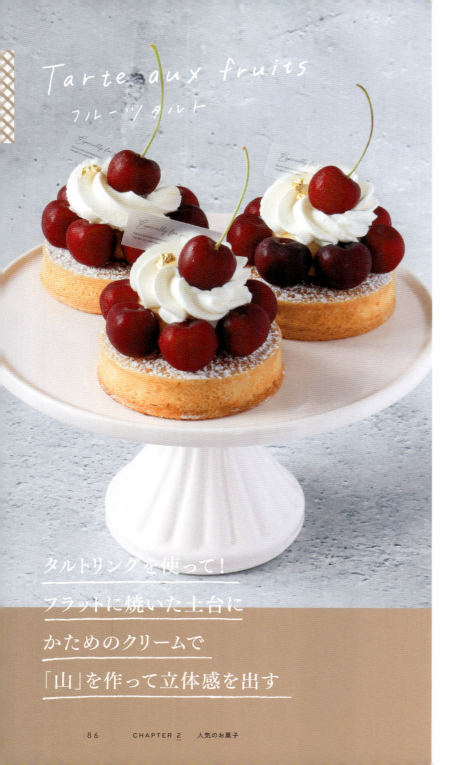

Tarte aux fruits
フルーツタルト

タルトリングを使って！
フラットに焼いた土台に
かためのクリームで
「山」を作って立体感を出す

材料 直径7cmのタルトリング5個分

基本のクッキー生地（p.51）…200g

● アーモンドクリーム
バター（食塩不使用）…40g
粉糖…40g
アーモンドパウダー…40g
とき卵…40g
バニラビーンズペースト（p.119）…1g

● カスタードクリーム
（作りやすい分量）
牛乳…150g
卵黄…30g
グラニュー糖…40g
薄力粉…15g
バター（食塩不使用）…15g
バニラビーンズ…1/3本

● シロップ
水…20g
グラニュー糖…20g

● ホイップクリーム
生クリーム（乳脂肪分40〜45％）…50g
グラニュー糖…7.5g

とけない粉糖…適量
好みのフルーツ…適量

下準備

・クッキー生地の準備
事前に作っておく。基本のクッキー生地（p.51）を工程❼の段階から3mm厚さにのばし、冷蔵室で3時間以上休ませる（最低1時間）。

・バターを室温にもどす
アーモンドクリーム用のバターを室温にもどす。

・薄力粉をふるう

・天板にシルパン（p.123）を敷く

・バニラビーンズの種を出す

RECIPE

1　アーモンドクリームを作る

ボウル（小）にバター、粉糖、バニラビーンズペーストを入れ、白っぽくなるまで軽く泡立てる。泡立てすぎには注意！さらにアーモンドパウダーを加え、粉けがなくなるまでまぜ合わせる。
卵を4回に分けて加え、そのつどきれいに乳化するまで、泡立てないようにまぜる。冷蔵室で1時間ほど休ませる。

2　リングにクッキー生地を敷く

3mm厚さで冷やしておいたクッキー生地に、タルトリングをのせ、リングの内側に沿ってナイフで切りとる。側面になる生地は、直径×3.14cmの長さ、リングの高さより少し太めの幅で帯状に切る。
天板にタルトリングをのせ、底に円形の生地を敷き、側面の生地をリングに沿わせる。上にはみ出た生地を包丁やパレットナイフで切る。

> オーブンの予熱スタート、170度にセット！

3　クリームを詰めて焼く

冷やしておいたアーモンドクリームは、軽くほぐしてしぼり出し袋に入れ、タルトリングにぐるっと渦巻き状にしぼり出す（1個につき25g目安）。焼いている間に広がり、フラットに焼き上がる。
170度のオーブンで25分ほど焼く（残り10分でタルトリングをはずすと、横まできれいに焼ける。耐熱手袋をして作業を）。底まできれいに焼き色が入ったらOK。網にのせ、完全に冷ます。

プロのコツ

平らに焼くため、泡立てすぎない！

泡立てすぎるとふくらんで、表面がフラットにならず、型からあふれ出たりします。

「タルトリング」を使えば即プロ仕様に

型にぴったりすき間なく敷き込んで。底と側面は焼く間にくっつきます。

「渦巻き状にしぼる」ときれいに平らになります！

クリームは手の熱でダレやすく、バターがとけると焼き上がりが油っぽくなるので、手早くしぼり出して！

4 カスタードクリームを作る

小なべに牛乳とグラニュー糖の半量、バニラビーンズをさやごと入れて火にかけ、沸騰させる。グラニュー糖を入れることで、牛乳に膜が張るのを防ぐ。
ボウル（中）に卵黄と残りのグラニュー糖を入れ、白っぽくなるまですりまぜる。さらに薄力粉を加えてまぜ、温めた牛乳を少しずつ加えてまぜる。
こし器でこしながら小なべに戻し、中火にかける。なべ全体を絶えずかきまぜながら、ポコポコと沸騰してから1分加熱する。最初は泡立て器、表面の泡が少なくなってきたらゴムべらに持ちかえ、コシが切れてサラッと軽くなった感じがしたら、炊き上がり。バターを加えてまぜ、清潔なボウルに移す。
表面にラップを密着させ、氷水が入ったボウルで上下をはさみ、冷蔵室に入れて急速に冷ます。完全に冷えたら、ゴムべらでほぐす。

5 タルトを組み立てる

耐熱ボウル（小）にシロップの水、グラニュー糖を入れ、電子レンジで1分加熱し、とかす。生クリームにグラニュー糖を加え、しぼり出せるかたさに泡立てる。フルーツは水けをしっかりとる。
タルトの土台にハケでシロップをぬり、しみ込んだら、とけない粉糖をふちに振る。カスタードを中央に山を作るようにしぼり、フルーツをカスタードにくっつけて飾る。生クリームをしぼり、頂点にもフルーツをのせ、冷蔵室で1時間ほど冷やす。ピックや金箔を飾るとプロっぽくなる。

バニラビーンズはさやごと入れると香りがしっかり出ます

> 1分間はかればしっかり殺菌でき毎回同じかたさに仕上がります！

「沸騰後1分間」まぜる

火を入れすぎるとボソボソとした食感になるので、絶えずかきまぜることが重要。危ない！と思ったら火からおろしてまぜても◎。

カスタードは傷みやすいので、手早く作業し、急速冷却！

ゆっくり冷やすと菌が繁殖しやすいので、氷水ではさんで急速冷却が基本。カスタードは冷えると締まってかたさが増します。

カスタードをしぼるときは「中央に山」！

こんもり

カスタードが平たいとのっぺりした見た目になり、フルーツも落ちやすい。

TAKIKURABE

カスタードクリーム を 粉違い で炊き比べ

弾力と濃さに差があるものの
どれもおいしく作れて、代用可能

薄力粉で炊くと弾力が強く、生クリームを加えることでほどよいかたさになってエッジが立ちました。味が濃く感じるのも、もっちりした食感の影響と考えられます。コーンスターチはグルテンができないため、やわらかく口どけがよいのが特徴です。薄力粉とコーンスターチは1：1で合わせると両者の中間に！

プロのコツ

作るお菓子によって粉の種類を変える

タルトはフルーツを支えるため保形性が必要なので、薄力粉が◎。シュークリームには口どけのよいコーンスターチがぴったり！

バターを加えることでかたさとコクをプラス

タルトのカスタードクリームは、やわらかすぎないようにバターを入れるのがおすすめ。冷やすとしっかり固まり、コクも出ます。

Chou à la crème
シュークリーム

小麦粉のデンプンを
糊化させる火入れが肝心。
バターと油は1:3で
ふんわりやわらかい皮に!

材料 8～10個分

● シュー生地
A｜ 水…80g
　｜ 太白ごま油…30g
　｜ バター(食塩不使用)
　｜ 　…10g
　｜ 塩…0.5g
薄力粉…40g
とき卵…90～120g

● ディプロマットクリーム
〈カスタードクリーム〉
牛乳…230g
卵黄…40g
グラニュー糖…60g
コーンスターチ…20g
バニラビーンズ…1/3本

生クリーム(乳脂肪分40～45%)
　…150g

● トッピング
とけない粉糖…適量

下準備

・粉類をふるう
シュー生地の薄力粉をふるう。カスタードクリームのコーンスターチをふるう。

・とき卵を温める
といた卵を湯せんで40度くらいまであたためておく。生地が冷たいとふくらまない原因になるので、卵の温度が大事!

・バニラビーンズの
　種を出す
さやに縦に切り込みを入れて開き、ナイフの刃先で種をしごき出す。

CHAPTER 2　人気のお菓子

RECIPE

1　天板にクッキングシートを敷く

天板は逆さにして、クッキングシートを敷く。生地をしぼり出す大きさのガイドが欲しい場合は、紙に直径5cmの円を描き、クッキングシートの下に敷く。

2　小なべでAを沸かし、薄力粉を合わせる

小なべにAを入れて中火にかける。沸騰したら、火を止めてなべを火からおろし、薄力粉を一度に加える。粉けがなくなるまで、木べらで手早くまぜる。
再び中火にかけ、均一に火が入るように生地をのばしながら加熱する。ジューッと音がして、なべ底に膜が張るくらいになればよい。よく加熱して小麦粉のデンプンを糊化させることで、ふっくらふくらむ。

3　❷に卵をまぜる

❷をボウル（中）に移し、軽く木べらでまぜて湯げを飛ばす。卵の1/3量を加えてまぜ、さらに1/3量を加えてまぜたら、最後の1/3量は様子を見ながら少しずつ加える。木べらで生地をすくい上げると、逆三角形に落ちるくらいが、かたさの目安。卵を入れすぎてとろとろになると、元には戻らないので慎重に！

オーブンの予熱スタート、180度にセット

4　生地をしぼり出す

生地を星口金をつけたしぼり出し袋に入れ、円の印に入るようにしぼり出す。円の中心から口金を動かさずに、ギューッと出すとやりやすい。生地が冷たいとふくらまない原因になるので、温かいうちにしぼってオーブンに入れることが大切！

プロのコツ

コンパスで5cmの円を描くと同じ大きさにしぼれます！

天板は裏側のほうが平らなので、逆さにしてしぼり出す。

加熱終わりは「ジューッ」の音となべ底の膜が目安！

なべ底の膜をチェック！

生地が「逆三角形」に落ちるやわらかさがベスト

これ以上は卵を入れない

超簡単なので星口金を推します！

ギザギザがあることで、ふくらみやすくなります。フォークで格子模様をつける必要なし！

5 180度に予熱した オーブンで焼く

霧吹きで表面に水をたっぷりめに吹きかけ、180度のオーブンで25分ほど焼く。表面が乾燥し、ふくらんだ割れ目に焼き色がつくまで焼くと、しぼまない。途中で扉をあけるとしぼんでしまうので、絶対にあけない！ オーブンの窓からふくらみや焼き色を観察して！

ふくらんだ割れ目がうっすらきつね色になっているか確認

水分が残っているとしぼみやすいので、しっかり焼くことが大切。

6 ディプロマットクリームを作る

カスタードクリームはp.88の❹と同様に作る（薄力粉をコーンスターチに変え、バターは入れない）。
カスタードクリームを冷やしている間に、生クリームをしっかりとかために泡立てる。カスタードクリームが完全に冷めたら、ダマができないようにほぐしてから、泡立てた生クリームを加えてまぜ合わせる。

やわらかく口どけのよいコーンスターチのカスタードを使う

生クリームはこのかたさ

p.89のカスタードクリーム「炊き比べ」を参考に！

7 シューにクリームをしぼる

シューの底に箸で穴をあける。❻のクリームを丸口金をつけたしぼり出し袋に入れ、シューの穴に口金をさし込み、たっぷりしぼり入れる。冷蔵室で1時間ほど冷やす。とけない粉糖を振ると、お店感アップ！

クリームが穴から少しあふれるくらいが◎

シューの空洞をすき間なく埋めて！

YAKIKURABE

シュー生地 を 油脂の配合を変えて 焼き比べ

バターのみの場合、横割りがおすすめ

下にカスタード、上に生クリームのWクリームで仕上げた例。

太白ごま油&バター — ぷっくり
バターのみ — ガッシリ

	太白ごま油&バター	バターのみ
見た目	ぷっくり	ゴツめ、しっかり
食感	ふわふわ	サクふわ
皮の味	さっぱり淡泊	コクがあって濃い

クリームを味わうなら油入りがおすすめ。バターのみはかため&濃いめの味に

左は、バターと太白ごま油を1：3にした場合。さっぱり淡泊な味で、クリームの濃厚さが引き立ちます。バターのみの場合は、冷蔵室に入れると皮がかたくなって、クリームだけでなく皮の味も強く感じられます（バターのみだと翌日はしんなりするので、当日食べきりを）。

シュークリーム の相談室

Q シュー生地は冷凍できる？

A しぼって冷凍できます

しぼり出した生地を急速冷凍がおすすめ。かたまったらフリーザーバッグに移して。解凍してから焼くほうがふくらみます。

Q まん丸のシューはどうやって作るの？

A 上にクッキー生地をのせます

材料を順にまぜてクッキー生地を作り、3mm厚さ・直径5cmの円形に抜いてシュー生地にのせます。焼いている間に生地がゆるんで、シューを均一にコーティング！ まん丸なフォルムとクッキーのザクザクした食感が好みなら、ぜひ作ってみてください。

クッキー生地の材料
バター…30g
グラニュー糖…30g
薄力粉…20g
アーモンドパウダー…10g

Brownie
ブラウニー

フラワーバッター法を採用し、
しっとり&ココア濃いめに。
薄焼きにすることで、
くるみの食感も存分に楽しめる!

材料　18×18cmの型1枚分

- バター(食塩不使用)…65g
- グラニュー糖…50g
- はちみつ…15g
- 塩…0.5g
- とき卵…40g
- 薄力粉…50g
- ココアパウダー…15g
- ベーキングパウダー…2g
- くるみ(生)…50g

＊くるみ以外にもアーモンドやミックスナッツでもOK

下準備

・**型にシートを敷く**
クッキングシートを型の底面よりひとまわり大きめに切り、四隅に斜めに切り込みを入れて敷く。

・**バター、卵を室温にもどす**

・**粉類を合わせてふるう**
薄力粉、ココアパウダー、ベーキングパウダーをボウルでまぜてからふるう。2種類以上を合わせる粉のふるい方はp.103。

RECIPE

1 くるみを焼く

天板にクッキングシートを敷いてくるみを並べ、150度に予熱したオーブンで10分焼く。くるみはあらかじめ火を入れることで、生焼けを防ぎ、雑味を除く。薄皮をむいてから、好みの大きさに刻む。

2 生地を作る

ボウル（中）にバターを入れ、ハンドミキサーでクリーム状にする。ふるった粉類を加え、白みを帯びた茶色になるまで、気泡を含ませるようにまぜる。
フラワーバッター法はふくらむ力は弱いけれど、小麦粉のグルテンができにくいため、しっとりと仕上がり、さっくりと歯切れもよくなる。

オーブンの予熱スタート、170度にセット！

卵とグラニュー糖、はちみつ、塩は別のボウルでまぜ合わせ、生地に3回に分けて加え、よくまぜてきれいに乳化させる。最後にくるみを加えてまぜる。

3 170度に予熱したオーブンで焼く

型に生地を流し、カードで平らにならす。170度のオーブンで20分ほど焼く。竹串で中央を刺し、生の生地がつかなければ焼き上がり。型からはずし、冷ます。
食べやすい大きさにカットし、好みでとけない粉糖を振る。冷蔵室に入れるとかたくなるので、常温で食べるのがおすすめ。

プロのコツ

くるみは先にローストして薄皮をむくとクリアな味に

薄皮には苦みがあるので、ローストしてむくことでクリアな味になり、ケーキの風味を邪魔しない。

バターに小麦粉からまぜることでキメこまかくなめらかな生地に！

白みがかった茶色になればOK

くるみは最後に

フラワーバッター法は、パウンドケーキの焼き比べ（p.32）で詳しく解説！

しっとり仕上げたいので焼きすぎに注意して

均一にならす

高さは1cm程度

焼きすぎると、ぼそっとした食感になってしまうので気をつけて。

Basque Cheesecake
バスク風チーズケーキ

クリームチーズのダマを
作らないことが最重要。
高温でとろりと濃厚に焼いて、
表面は焦がして香ばしく

材料 直径15cmの丸型1台分

- クリームチーズ…350g
- グラニュー糖…140g
- とき卵…155g
- 薄力粉…15g
- レモン汁…8g
- 生クリーム(乳脂肪分40〜45%)
  …175g

下準備

クリームチーズを室温にもどす
ダマを作らないために、やわらかくもどすことが大事！

RECIPE

1 型にシートを敷く

クッキングシートは型よりひとまわり大きく切り、水でぬらしてしぼる。くしゃくしゃの状態で、そのまま型にはめ込む。はみ出した紙は焦げても雰囲気が出る。

> オーブンの予熱スタート、220度にセット！

2 生地を作る

ボウル（中）にクリームチーズを入れ、泡立て器でクリーム状にねる。最初にグラニュー糖を加え、しっかりすりまぜて生地をやわらかく、なめらかにする。次に卵を2～3回に分けて加え、しっかり乳化させる。
薄力粉を加え、粉けがなくなるまでまぜ、レモン汁、生クリームの順で合わせていく。レモン汁と生クリームを一緒に入れると、クリームがボソボソになるので注意して。

3 型に流し、220度に予熱したオーブンで焼く

ダマが残らないよう、生地をこし器でこしてから、型に流し入れる。220度のオーブンで35分ほど、焦げ色がつくまで焼く。オーブンによって焼け具合は若干違うので、表面の色味を見ながら調整する。火を通さなければならない材料が少ないので、表面が焼ければOK。
型に入れたままあら熱をとり、冷蔵室で3時間～半日ほど冷やす。型から出すときは、型ごと湯せんに5～10秒かけ、クッキングペーパーを引っぱる。

プロのコツ

1枚でくしゃっと敷く！
ぬらしてしぼると型にフィット

底にぴったり敷いたら、ひだを折りながら側面に沿わせてフィットさせる。

最初にグラニュー糖！
ここでダマをなくせば100%成功！

材料は1つずつ、ていねいにまぜましょう。必ず加える順番を守ること。

"こす"ことでダマ対策は万全！

材料をまぜるだけだからこそ、なめらかさにこだわる。

Honey pudding
はちみつプリン

高温だと「す」が入る原因に
なめらかに固めるには
湯せんの温度と量に気を配り、
やわらかく火を入れるのがコツ

材料　容量120mlのプリン容器4個分

● キャラメル
グラニュー糖…35g
はちみつ…10g
水…10g
湯…10g

● プリン液
とき卵…120g
牛乳…280g
砂糖…60g
はちみつ…20g
バニラビーンズペースト（p.119）…1g

> キャラメルとプリン液両方にはちみつを使うことで香り高い味わいに!

下準備

・湯せん用の湯を用意する
湯は40～45度くらい（お風呂の温度）がよい。

RECIPE

1　キャラメルを作る

小なべにグラニュー糖、はちみつ、水を入れ、中火にかけてとかし、なべをゆすりながら煮詰める。キャラメル色になったら、焦がしすぎる前に火を止め、余熱で好みの色にする。苦めにするなら焦がし、甘めならはちみつの色が少し茶色くなったくらいで湯を加える。
なべのふちからそっと湯を加えたら、ゴムべらで手早くまぜ、すぐに容器に均等に流し入れる。容器を冷蔵室に入れて冷やす。

オーブンの予熱スタート、150度にセット

プロのコツ

飛びはね注意！「長袖」で作業すると安全

湯を入れるのは、温度上昇を止めて余熱で焦がさないようにするため。はねるのでやけどに注意が必要。

2　プリン液を作る

ボウル（中）に卵を入れ、砂糖の半量、はちみつ、バニラビーンズペーストを加えてすりまぜる。小なべに牛乳を入れ、残りの砂糖を加えて火にかけ、砂糖がとけるくらいまで温める（沸騰させない）。卵液に牛乳を加えてまぜ、こし器でこす。冷やしておいた容器に均等に流し入れる。

泡立てずにすりまぜて白身のコシを切ります！

泡立てると表面の泡がふえ、「す」が入りやすくなります。

3　湯せん焼きにする

深さのある容器（バットや四角いケーキ型）にふきんを敷き、容器を並べる。ふきんを敷くと、火のあたりをやわらかくできる。40〜45度に温めておいた湯を、指の第一関節くらいの深さまで注ぐ。天板にのせ、150度のオーブンで20分ほど焼く。
プリン液の温度や湯せんの温度、型の種類によって、固まるスピードには大きな差が出る。プリン容器をトントンとつつき、表面がぷるぷるとゆれるくらい固まっていればOK。中央が液体の状態であれば、もう少し焼く。天板からはずし、あら熱がとれたら冷蔵室へ。最低1時間、できれば3時間ほどよく冷やして食べる。

湯は40〜45度、第一関節の深さに！

湯の温度が熱すぎたり、量が少なすぎたりすると、火が入りすぎて「す」が入る原因に。

YAKIKURABE

プリンを 焼き時間を変えて 焼き比べ

卵が凝固したあとに長く焼き続けると「す」が入ってしまう!

卵のタンパク質は70〜80度で凝固します。その後も焼き続けると、固まった組織の中で水分が沸騰するために、「気泡のあと（す）」が残ってしまいます。ガラスの型の場合、p.98のレシピでは「20分焼き」が最適。「35分焼き」では、「す」が入ってしまいました。

[同じ「35分焼き」で型を変えてみたら？]

火の入り方に差が!型によって焼き時間の調整が必要

同じ条件で焼くと、火の入りやすさはガラス→アルミ→プラスチックの順でした。プラスチック製の耐熱カップは、「35分焼き」でベストな焼きかげんに。どの型でも、皿に出すときは火入れが弱いとくずれやすいので、「す」が入らない程度によく焼く必要があります。

Q 表面の泡を消す方法はあるの？

A 食品用アルコールを振りましょう

表面の泡は、卵液を泡立てるとできてしまいます。泡立てないようにまぜることがポイント。たくさん出すぎた場合は、食品用アルコールを振って消すことができます。それでも気になる泡は、スプーンですくいましょう。

CHAPTER 3

プロのコツを覚えて一気に上達

差がつく基本技術

basic technology

お菓子をおいしく、美しく仕上げるために、プロの動作には1つ1つに意味があります。なんとなく適当に作っていて、失敗することがある場合には、基本技術を見直してみましょう。動作が素早く正確であれば、作るたびに同じクオリティでレシピを再現できます。

TECHNIQUE 01 正しい計量のし方

レシピどおりが鉄則！ ミスしないコツを覚えて集中！

お菓子を作り始める前に、材料はすべて計量しておきます。
材料にはそれぞれに役割があるので、レシピどおりの配合を間違えずにはかることが大事！

ベーキングパウダー
0.1g単位で計量できる微量計

ベーキングパウダーや塩は0.1g単位で計量！同じ容器で複数の材料をはかるときはミスに注意

材料の中でも、2〜3gなどごく少量をはかるベーキングパウダーや塩の場合は、微量計ではかることがマストです。粉類など数種類をまぜて一緒に使う材料は、同じ容器ではかってもかまいません。1つずつ材料を加え、そのたびごとに、はかりの表示を「0」にしてはかっていきます。ただし同じ容器ではかると計量ミスが起きやすいので気をつけて。

卵

個数ではなく液体の重量ではかる

卵は個数表記のレシピも多いですが、個体差があるため、プロは液体にしてg単位で計量します。よくときほぐしてから、必要量をはかりましょう。

粉類

多すぎたら戻す

容器の中で粉を分けて入れる

2種類以上の粉類を一緒に計量する場合は、容器の中で粉を分けて入れます。そうするとまざりにくいため、少し入れすぎてしまったときも、すくって戻すことができます。

バター

冷蔵室で冷やす　　室温にもどす

計量のときに形状を工夫する

パウンドケーキのように室温にもどすときは、早くやわらかくなるように薄切りに。スコーンのように薄力粉と合わせて切るようにまぜるときは、角切りにして冷やしておきます。

102　CHAPTER 3　差がつく基本技術

TECHNIQUE 02

空気を含ませるようにふんわり
粉のふるい方

粉類は空気を含ませてふるうことでダマになりにくく、異物の混入を防ぐことができます。
同じ容器ではかった粉類は、一緒にふるってかまいません。

- タンバリンみたいにポンポン
- 15〜30cm
- 紙を敷く

直径12cmの目のこまかい裏ごし器がおすすめ。飛び散らないように軽くポンポンとたたく

小麦粉をふるうには、目のこまかい裏ごし器が最適。底の面積が広いので、粉の量が多いときも手早くふるうことができます。水分があると粉が湿ってしまうため、裏ごし器が乾いているか確認！ クッキングシートを敷くか、大きめのボウルを下において、空気を含ませるように少し高い位置からふるいましょう。2回ふるうのがベスト。

粒子があらいとき

目のあらい裏ごし器を使う

アーモンドパウダーや全粒粉など、粒子があらい粉をふるうときは、少し目のあらいとっつきの裏ごし器を使います。薄力粉と一緒に計量したときも、こちらを使ってOK。

最後に残ったとき

粉を手で押し出してふるう

網に粉のダマが残ったままだと、レシピどおりの分量にならないため、最後は手で押し出してふるいます。下に落ちた粉は空気を含んでふんわりしているので、手で押さえないで。

2種類のとき

先にまぜ合わせてからふるう

2種類以上の粉類を合わせてふるうときは、容器でまぜてからふるいましょう。特に粒子のこまかいココアパウダーやベーキングパウダーは、均一にまぜておくのがポイント。

TECHNIQUE 03

素材の状態によって手の動きや、力かげんを変える

道具の扱い方

道具の扱い方が違うと、材料がよくまざらない、ふくらまない、均一にぬれない、などの原因に。持ち方と手の動かし方、力の入れ方にポイントがあります。ここで確認を。

ハンドミキサー

垂直に入れて回す

ボウルの中で大きく円を描く

卵白や全卵の泡立ては、馬力のあるハンドミキサーがおすすめ。ホイッパー（泡立て部分）をボウルに垂直に立て、一部だけ泡立てないよう、大きく円を描くように動かしましょう。

泡立て器

▼ 生クリームを泡立てるとき

振り子みたいに手首をゆらして！

液体をゆすって衝撃を与える

液体同士をぶつからせるイメージで、手首を左右にゆすります。ボウルにガシガシ当てたり、ぐるぐるするのではなく、振り子のように軽くシャカシャカとゆするのが正解です。

▼ 卵黄と砂糖をまぜるとき

ボウルの底をぐるぐるすりまぜる

別立てのときには、卵黄と砂糖を白っぽくなるまでまぜ合わせます。このときは、泡立てるのではなく、ボウルの底をこするようにして「すりまぜる」と早くまざります。

ゴムべら

▼ 気泡の多い生地をまぜるとき

手を大きく動かす！

「の」の字で泡をつぶさない

生地の中央を縦に切り込んだら、「の」の字を書くように手首でふわっと返します。このとき、もう一方の手はボウルを手前に回すこと。大きめのボウルを使うと大きくまぜられます。

▼ 粉の多い生地をまぜるとき

切るように

>>>

ねらないで切りまぜる

クッキー生地は、小麦粉のグルテンが出るとかたくなってしまうので、ねりまぜるのはNG。ゴムべらで一方向に切りまぜます。5〜6回切りまぜるごとに、ボウルを90度回転させて。

ひとまとまりになったら終了

ボウルの粉がなくなってきたら、ゴムべらの平らな面で押しつけるようにして、生地をひとまとまりにします。粉っぽさがある状態でよいので、まぜすぎないことが重要です。

パレットナイフ

▼ クリームをぬるとき

片側の刃を「斜め30度」浮かす

ナイフは片側の刃を少し浮かせ、時計の4時半くらいの位置におきます。そのまま刃は動かさずに、回転台のほうを回してぐるっと1周させて。きれいな平面になれば成功！

▼ ケーキを移すとき

ナイフを底にぐっとさし込む

ケーキの正面を決めたら、そちらを奥側に回し、手前からナイフをぐっとさし込みます。少し浮かせて、片方の手もさし込んで支えながら、ケーキを持ち上げます。

>>>

ナイフと手で支えて皿へ移動

そのまま素早く皿へ移動し、位置を確認して奥側をそっと着地させます。手を離して手前ものせ、ナイフをすっと引き抜いて完了。ナイフは幅が広いほうが、安定して支えられます。

ハケ

柄の下のほうをしっかり持つ

ハケはシロップや卵液、ナパージュなど、液体をぬるのに使います。細部をぬるときは特に、先端がブレると液体がたれやすいので注意。柄の下のほうをしっかり持ちましょう。

しぼり出し袋

▼ 詰めるとき

立てて入れるとこぼしにくい

袋を外側に折り返し、高さのあるコップなどに立てて、生地やクリームを入れます。手で持ったままだとこぼしやすく、手の熱も伝わってダレるため、立てる方法がおすすめ。

▼ 持ち方

生地をびっちりと詰めて持つ

カードを使って生地やクリームを口金のほうへ寄せ、袋がびっちりと張るように詰めます。きき手親指と人さし指の間で袋のねじった部分を持ちます。逆の手は添えるだけでOK。

105

TECHNIQUE 04

おいしそうに見える「ツヤがあること」が必須！
生クリームの泡立て方

生クリームは泡立てすぎると分離してボソボソになり、デコレーションが台なしに！
氷水のボウルを必ず用意して冷やしながら、ダレないようにして、ツヤのよい状態をキープします。

ココだけ
かたくする

とろっとした状態

氷水のボウル

ベースはゆるく泡立てて使う分だけ、かたさ調節。最適なかたさは目と触感で判断する

泡立てる場合、乳脂肪分が高い生クリームは分離しやすいため、40～45％のものを植物性ホイップとブレンドするのがおすすめ。生クリームを入れたボウルは、氷水を入れたボウルに重ね、ハンドミキサーでとろっとするまで泡立てます。そこからは泡立ちが早いので、泡立て器にチェンジ！ ボウルの中の一部を泡立ててかたくするか、難しければボウルを分けてもかまいません。

サンド用

しっかり

ふん！と振らないと落ちないかたさに
スポンジにサンドするクリームは、ツノがしっかりと立ち、最もかたい状態でOK。クリームが泡立て器にからまってとどまり、手でふん！と振らないと落ちないくらいが目安。

ナッペ用

ふんわり

ゆらすとふわっと落ちるやわらかさ
スポンジにぬるクリームは、最もやわらかい状態。泡立て器ですくってゆらすと、ふわっと落ちるくらいが目安。ケーキの角がピ！と立つように、ゆるすぎないやわらかさをめざして。

しぼり用

ツノがシュッ！

サンドとナッペの中間くらい
泡立て器ですくい上げたとき、クリームがつややかで、ツノがシュッとのびて形を保っている状態。ツノがおじぎするかしないかくらいがベストです。泡立てすぎに注意しましょう。

TECHNIQUE 05

「力を入れて抜く」をスムーズに。練習あるのみ！

クリームしぼりの種類

デコレーションにおすすめの口金は、3種類。1つの口金でも、しぼり方によって大きさや形を変えられます。簡単なものからマスターして、アレンジを広げましょう。

丸口金

サイズ10（口径10mm）

"ぽってり"させるには少しやわらかめが◎

やわらかめのクリームを真上からぐっとしぼり出し、力を抜きながら引き上げるとしずくに。斜めから同様にしぼると、丸シェルになります。一定の力で横にしぼると、真っすぐのラインができます。

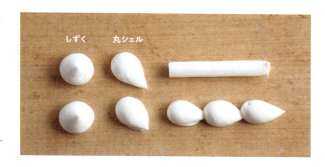

星口金

サイズ8-6
（口径10mm・切り口8）

小ぶりに丸くしぼり、力を抜いてシュッと引く

真上にしぼると星、斜めにしぼるとシェル、「の」の字を書くとロザスになります。ロザスは2つでリボンに。いずれも小ぶりにして丸く高さを出すと美しいです。蛇行する場合も小刻みに！

サントノーレ口金

サイズ15
（口径9mm・切込み15mm）

かために泡立ててスピーディーにしぼる

口金を立てぎみにし、しぼりながら手前に引きます。クリームが出てくる力を利用して、左右にゆらしてしぼるとフリルに。どんな形にするかをイメージしておくと迷いません。

TECHNIQUE 06

大きめカット！ 水けが出るのでこまかく切らない
フルーツの切り方

薄くこまかく切るほど飾るときに技術がいるので、大きめカットがおすすめ。
果汁がクリームにしみ出すと、見た目や食感が悪くなるので、水けはしっかりとりましょう。

オレンジ

皮と実の境目を狙って切る
上下を厚めに切り落とし、側面のカーブに沿って皮をむきます。白い部分を残さず、実も切りすぎない、ギリギリの境目を狙います。

1房目は左右から切り込む
薄皮に沿って左側に切り目を入れたら、右側にも切り目を入れて実をはずします。このやり方だと、薄皮のない美しい房に！

2房目は左側だけではがす
2房目からは、左側だけに切り目を入れたら、そのまま右側の薄皮をペリッとそぐようにはがせます。これを最後までくり返して。

水けの多いもの

キッチンペーパーで水けをとる
缶詰やもも、マンゴーなどは、実を大きめに切ってキッチンペーパーに並べ、上からもペーパーをかぶせて水けをとります。

いちご

刃先でへたをくりぬく
いちごは洗うと傷みやすいので、消毒したふきんでふく程度に。丸い形を生かしたいので、包丁の刃先でへただけをくりぬきます。

サンド用は薄くスライス
縦切りでも、横切りでもOK。甘くない場合は、薄切りにしたあとに砂糖で軽くマリネし、水分をとって使うと甘みがアップします。

キウイ

へたと芯を一緒にとる
へたの中心にかたい芯があるので、へたから5mmほどのところに1周切り込みを入れ、へたと芯を一緒にとり除きます。

縦に細く皮をむく
反対側も薄く切り落としたら、側面のカーブに沿って縦に皮をむきます。縦に細くむくことで、輪切りの形がそろいます。

TECHNIQUE 07

刃はよく研ぐ。包丁の重みでスーッと下ろす

ケーキの切り方

包丁の刃は小刻みにギコギコせずに、ゆっくり大きく動かしましょう。肩の力を抜いて！
プロはケーキの種類によって包丁を変え、刃をよく研いで使います。

クリームのケーキ

いちごの先端にさし込む

左手で支える

温めたストレート包丁を奥から斜めに入れる

高さのある容器に湯を入れ、包丁の刃を入れて温め、水けをふきます。奥側から斜めに入れ（いちごがある場合は刃をさし込み）、左手で刃先を支えながら、力を入れずに包丁の重みで斜めに下ろしていきます。カットするたびに、刃についたクリームをふきとります。

パウンドケーキ

ぐっと押す

冷やしてからぐっと押し切る

常温で切ると、ボロボロとくずが出やすいので、冷蔵室で生地を引き締めてから切るのがコツ。ストレート包丁や牛刀を使い、ぐっと下に押して切ります。食べるときは温めて。

タルト・パイ

波刃がサクッと切れる

タルト・パイも冷蔵室で冷やし、フルーツやクリームの部分はゆっくりていねいに刃を入れます。土台になったら、一気にザクッと刃を下ろして切ります。あれば波刃包丁がベスト。

TECHNIQUE 08

仕上げの簡単テクで表情が変わる！　お店感アップ
デコレーション

お店のケーキがおしゃれでおいしそうに見えるのは、仕上げのテクニックに差があるから。家庭でもまねできる、ツヤ出しやトッピングのアイテムをご紹介します。

ナパージュ

すぐ使える非加熱タイプ

フルーツを保護してツヤを出す

ナパージュはフルーツや焼き菓子にぬって、ツヤを出す製菓材料です。おすすめはやわらかいジェル状で、少量パックの非加熱タイプ。フルーツの断面にぬるならこれで十分！

粉糖

とけない粉糖を部分的に

デコレーションで振るときは、とけない粉糖を使います。全体ではなく、アクセントになるように部分的に振るのがコツ。中央だけ、いちごだけなど、ポイントを決めましょう。

アイシング

砂糖の衣で美しくコーティング

粉糖にレモン汁適量を加え、とろっとした砂糖衣を作ります。濃度は好みで調節を。お菓子にかけたら、手早くぬり広げ、表面を乾かします。生ピスタチオなどを散らしても。

エディブルフラワー

カラフルなお花で華やかに！

食用として安全に栽培された花なので、お菓子に飾り、そのまま食べることができます。デコレーションにプラスするとカラフルで華やかになり、見た目のおいしさがアップ！

ハーブ

長めの枝を流れるように飾る

ホールケーキにはチャービルやタイムを飾り、散らばるとまとまりがないので、大きめの枝を流れるように2〜3本のせます。カットしたケーキにはミントを双葉のように飾るとかわいい。

ケーキピック　金箔

控えめに、さりげないのが◎

ケーキピックは刺すだけでお店感アップ！「cotta ケーキピック シアーレクタングル（10片）」が、半透明でおしゃれです。金箔はごく少量のトッピングで高級感が出ます。

TECHNIQUE 09

今の流行りはシンプル。イメトレが重要!

ケーキデザイン

ケーキは円形でも、円を描くようなデコレーションにこだわる必要はありません。
しぼりは山を作るように高さを出し、トッピングは直線やS字を意識すると、立体的ですてきに!

デザイン例 1

いちごを輪切りにして少量でも華やかに

いちごの形が悪いとき、数が少ないときは、輪切りで対応。3カ所にクリームをしぼり、輪切り、半割り、まるごとを直線的に配置します。いちごはたったの2.5個でも華やか!

飾り順
- クリームのしぼり(ロザス)
- まるごといちご
- いちごの輪切り
- 1/2カットいちご
- クリスマス飾り、プレート

デザイン例 2

片側に寄せ、クリームといちごはランダムに

プロっぽくしたいなら、飾りは片側に寄せるのも手。まるごとの2個を中心に、クリームと半割のいちご、お花はS字のラインを描くイメージでトッピングしてみて。

飾り順
- クリームのしぼり(しずく)
- まるごといちご
- 1/2カットいちご(断面見せ)
- エディブルフラワー
- ケーキピック
- アラザン(白)

デザイン例 3

あえて角をとらないナチュラルな仕上げ

側面のナッペをしたあと、あえて角をとらないで残す方法も。全体に粉糖を振り、粉糖を振ったいちごを飾って、ナチュラルなイメージに。

デザイン例 4

クリームで白銀の世界!丸を重ねて立体的に

ガトーショコラは、フルーツなしもシックでおしゃれ。丸口金でクリームを大きめの円形にしぼって重ねると、立体感が出ます。

TECHNIQUE 10

焼き上がりの形のくずれを防ぎ、きれいにはがす
型の準備

型の準備は、お菓子の型離れをよくし、表面の焼き色や質感を美しく仕上げることに影響します。生地を作ってからあわてないように、作り始める前にきちんと準備しておきます。

パウンド型

シート1枚に切れ目を入れ上が少し出るように敷く

クッキングシートに型の底面と側面を当てて折り筋をつけ、周囲が1cm大きめの長方形にカットします。点線部分に切り込みを入れ、中に敷き込んで。

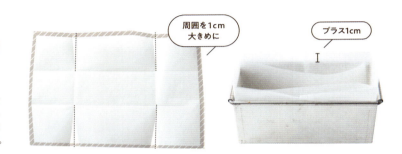

周囲を1cm大きめに / プラス1cm

スポンジ型

底面用の円形はぴったり、側面用の帯状は上を少し出す

シートは底面にぴったりの円形と、側面用の帯状を用意。側面用は長いので、半円が重なるように2枚にしてもOK。上が1cmほど出るようにします。

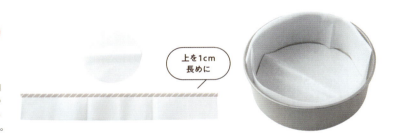

上を1cm長めに

シートが浮くときはとめる

巻いてあるクッキングシートは、天板や型に敷いたときに浮いてしまうことも。作業がしにくいと感じるときは、少量の生地を接着剤にして、シートの隅を天板にとめましょう。

生地を接着剤に

生地をじか入れする場合は離型油を!

スプレー式の離型油（りけいゆ）は、主に植物油脂と乳化剤が原料です。シュッとひと吹きするだけでムラなく油をまとわせることができ、格段に型はずれがよくなるのでおすすめ!

冷蔵室で冷やす

離型油がなければバター＋強力粉

バターは常温でやわらかくもどし、ハケで型に薄くまんべんなくぬります。いったん冷蔵室で冷やしかため、強力粉を振ります。薄力粉はバターになじんでしまうので、強力粉で。

112　CHAPTER 3　差がつく基本技術

TECHNIQUE 11

生地は繊細！　手早く作業して気泡をつぶさない

生地の入れ方・ととのえ方

特にスポンジ生地は、生地ができてから手間どっていると、泡が消えてふくらまなくなることが！
型の準備とオーブンの予熱はすませておき、生地を流したらすぐに焼きましょう。

気泡の多い生地の場合

ボウルは低い位置で

色の濃い部分をなじませる

竹ぐしでぐるぐる

型の中央に1点集中で流す

スポンジ生地は、衝撃を与えて気泡をつぶさないように要注意。ボウルを低い位置にして、ゴムべらで生地をやさしく押し出して中央から流すと、自然と全体に広がります。

表面をなじませ、型は落とさない

最後にボウルに残った生地はゴムべらで集めて入れますが、気泡がつぶれて濃い色になるので、表面の生地となじませましょう。気泡が消えないように、型は落とさないほうが◎。

シフォンは竹串で大きな気泡を消す

シフォン生地の場合は、型に重ねるように入れて空気が入りやすいため、竹串を刺してぐるぐると1周させて大きな気泡をなくします。これで、表面の凹凸もなめらかになります。

粉の多い生地の場合

10cmくらい

しぼり出す場合

手で丸める場合

型を落として余分な空気を抜く

パウンド生地は、型を落として生地を隅まで入れます。10cmほどの高さから落とす作業を2～3回くり返しましょう。その後、焼くとよくふくらむ中央の生地をへこませておきます。

一定の力で隅から均等に入れる

フィナンシェやマドレーヌ生地は、しぼり出し袋に入れて先端を少し切り、型にしぼります。型の隅から隅まで、一定の力で均等に入れましょう。周囲も汚れず、スプーンよりラク！

計量しながら同じ大きさに

スノーボールクッキーなど、小さな丸い形にそろえたい場合は、1個分の重さを決めてスケールにのせていきます。5gずつなど、倍数で計算しながらのせやすい重さがおすすめ。

TECHNIQUE 12

「生」「焼けている」「焼きすぎ」の状態を知る

焼き上がりの見極め方・冷まし方

生焼けは困りますが、焼きすぎても焦げたりパサパサになったりして、おいしさを損ねます。オーブンから離れてしまい、焼き上がりの見極めタイミングを逃さないように注意!

パウンドケーキは中央に竹串を刺す

パウンドケーキやマフィンはいったんオーブンから出し、竹串で中心をしっかり刺してチェック。生だと思ったら、5〜10分追加で焼きます。焦げそうならアルミホイルをかぶせて。

または割れ目の焼き色を見る

竹串を刺したくない場合、パウンドは割れ目によく焼き色がついていればOK。スポンジは、「指で押してソフトタッチで戻るか」「紙が内側に縮んできたか」で見極めます。

クッキーは裏面の焼き色を見る

裏面が茶色くなっていれば、焼けている証拠。ココア生地は、表面が白っぽくマットなら焼けています。焼き色に差が出る場合は、途中で天板の上下や左右を入れかえるのがベター。

基本は型から出して冷ます

パウンドケーキやスポンジは、焼き上がったら10cmほどの高さから落として蒸気を抜き、蒸れないように型から出して冷まします。乾燥防止のためにシートはつけたままでOK。

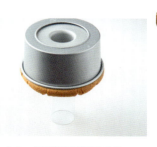

シフォンケーキは型ごと逆さにする

シフォンケーキやガトーショコラはくずれやすいため、型から出さずに冷まします。シフォンは型ごと逆さにし、安定したびんなどに筒の部分をさしましょう。

焦げたら削って隠してフォロー

焦がしたくはないけれど中が焼けていないときは、上にアルミホイルをかぶせます。ただ、スポンジやチーズケーキなら、焦げても表面をそぎ落とし、クリームをぬれば問題なし!

CHAPTER 4

プロの「選びのポイント」とを知る

材料選び
道具選び
プロの心得

material / tool / PROFESSIONAL TIPS

材料と道具は、安価なもので十分な場合と、高品質なものを選ぶと作業効率やおいしさが格段によくなる場合があります。ここで選び方のポイントをチェック！　また、プレゼントしたい人、将来的には販売も考えている人が知っておきたい心得についてもお伝えします。

MATERIAL

味・色・食感、すべてに差が出る！
お菓子のおいしさを底上げする「材料選び」

焼き菓子のベースになる、卵・バター・砂糖・小麦粉のほか、味や香り、食感のよさを決める大切な材料をチェック！ それぞれの特性を知って選びましょう。

卵

種類やサイズは好みで。一般的な卵で十分おいしいです

この本のレシピは、卵をといて重量で計量することで誤差をなくし、レシピの再現性を高めています。そのため、卵のS・M・Lのサイズはどれを選んでもOK。一般的な卵で十分おいしく作れます。「値段が高い卵を使うとおいしくなる」とは一概に言えませんが、ブランド卵を使用することで付加価値を出すという販売の手法もあります。

Q 残った卵は冷凍できる？

A 卵白と全卵はOK。卵黄は20％の砂糖と合わせて

卵白と全卵は、といてフリーザーバッグで冷凍可能。卵黄は、卵黄に対して20％の砂糖をまぜてから冷凍します（1カ月間保存可）。使用時は使う分を解凍。「卵黄は分量の1.2倍」「砂糖は冷凍卵黄に含まれる分を引いて計量」を！

バター

基本は食塩不使用のバター。できれば発酵バターがおすすめ

お菓子作りは塩を入れないレシピが多いので、「食塩不使用バター」を購入して。この本では、塩けをきかせたいフィナンシェ、スコーンは加塩バターにしましたが、食塩不使用バターに0.1％の塩を入れても。いずれも可能ならぜひ、発酵バターにおきかえてみて！ あと戻りできないおいしさです。明治のものがお気に入りです。

Q マーガリンで代用はできる？

A 製菓用ならOKですが、風味は劣ります

食塩不使用でねり込みやすい「製菓用マーガリン」であれば、バターの代替として使用してかまいません（普通のマーガリンはNG）。ただし、バターに比べると風味は劣ります。

Q 加塩バターを使ってはダメ？

A 塩けが強く出るためレシピどおりに

レシピで食塩不使用バターを指定している場合には、加塩バターでは塩けが強く出すぎてしまいます。レシピどおりのバター選びを推奨します。

砂糖

同じ温度と焼き時間でも、砂糖を変えると色や食感に差が!

砂糖は甘みを出すだけではなく、保水性の高さで「お菓子をしっとりさせる」「日もちをよくする」などの働きをします。また、加熱したときに焼き色がつくのも、砂糖の性質によるもの。実は砂糖の種類を変えるだけで、お菓子の甘みや焼き色、食感に差が出ます。焼き比べの結果を参考にして、好みの砂糖でアレンジしてみてください。

Q 砂糖のかわりにはちみつを使ってもいい?

A 砂糖の10％ほどおきかえるとしっとり

マドレーヌなど、砂糖の10％をはちみつにおきかえるとしっとり焼けます（1才未満の子には与えない）。多すぎると固まりにくくなったり、風味が強すぎてしまうので注意。

YAKIKURABE
クッキー を 6種類の砂糖 で焼き比べ

グラニュー糖

甘みにクセがなく焼き色は薄い

お菓子の基本は、精製度が高く、甘みにクセがないグラニュー糖。サラサラして扱いやすいのも特徴です。クッキーではほかの砂糖に比べて焼き色が薄く、ザックザックと歯ごたえよく焼けました。

細目グラニュー糖

グラニュー糖とほぼ同じ

グラニュー糖の粒子をこまかくしているため、とけやすく、生クリームやメレンゲの泡立てに向きます。クッキーでは焼き色や味、食感がグラニュー糖とほぼ差が出なかったため、さしかえも可能。

トレハロース

甘味度は砂糖の38％と控えめ

サクサク感やしっとり感を長もちさせたり、卵の泡立ちを安定させるなどの利点があります。ただ、甘みが少なく焼き色もつきにくいため、砂糖の一部（10〜20％）におきかえて使うのがおすすめ。

きび砂糖

焼き色、歯ごたえがほどよい

さとうきびから作られていて、薄茶色をしています。白砂糖よりもミネラルなどの栄養成分やうまみが豊か。クッキーにきれいな焼き色がつき、素朴な甘さ、ちょうどよい歯ごたえを感じました。

上白糖

甘みが強く、最も焼き色が濃い

砂糖の結晶に転化糖をコーティングしているため、糖類の中でも甘味度が高く、焼き色がつきやすいです。また、パウンドケーキなど卵を多く配合するケーキでは、しっとりさせる効果も発揮します。

粉糖

サクサクと軽やかな食感になる

グラニュー糖を粉末状にしたもの。水分の少ない生地にもとけやすく、作業がしやすいです。クッキーでは、ほかの砂糖では出せないサクサクと軽やかな食感に。表面もなめらかに焼けます。

小麦粉

タンパク質量が食感の決め手。お菓子によって使い分けたい

お菓子作りには、強力粉よりタンパク質量の少ない（＝グルテンの出にくい）薄力粉が向いています。ふんわりふくらませたいスポンジやロールケーキには、特にタンパク質量の少ないものを。粉の配合が少ないガトーショコラや、歯切れのよいクッキーなどには、タンパク質量が多めの薄力粉が向いています。メーカーおすすめの使用用途を参考に選んで。

プロのおすすめ

特宝笠
増田製粉所の「特宝笠」は、タンパク質量7.6%。グルテン形成が少なく、気泡をやさしく包む製菓用小麦粉。スポンジケーキがソフトで軽く、しっとり焼けます！

赤煉瓦
同じく増田製粉所の「赤煉瓦」は、タンパク質量10.0%。北海道産小麦100%。小麦の選択と製粉工程により力強い食感に。クッキーは歯切れよく、バターケーキはホロホロと崩壊感が。

Q 強力粉はどんなときに使う？

A サクッとした食感の焼き菓子に

薄力粉よりタンパク質量が多く、グルテンが強く出るため、サクッとした食感のクッキー、スコーン、パイに配合します。また、粒子があらくサラサラしているため、打ち粉として使用します。

アーモンドパウダー

焼き菓子に使うと風味アップ

アーモンドを粉末にしたもの。クッキーやケーキに入れると、コクや香ばしさ、しっとり感をプラスできます。開封後は酸化しやすいので、量が多い場合は小分けにして冷凍しましょう。小さなパックなら冷蔵室で保管します。

ベーキングパウダー

少量を入れてふくらみをサポート

主成分は炭酸。ガスの力で焼き菓子をふんわりとさせる膨張剤です。アルミフリーがおすすめ。シフォンケーキなど、卵の力を利用してふくらませる場合にも、ベーキングパウダーを少量加えることで失敗しにくくなります。

ココアパウダー

無糖タイプの「純ココア」を使う

砂糖が含まれていない製菓用の純ココアを使います。ヴァローナのココアパウダーは、カカオバターを20％以上含んでいて高品質。焼成後も色鮮やかで香りが豊か、ワンランクアップのおいしさになります。

太白ごま油

味や香りがないのでお菓子向き

バターは冷めると固形になりますが、オイルは液状で固まらないため、オイルを使ったお菓子は冷めてもソフトなのが特徴。この本ではクセのない太白ごま油を使っていますが、なければサラダ油におきかえてかまいません。

生クリーム

しぼり出しには乳脂肪分40％以上を

動物性の純生クリームは、乳脂肪分が低いと固まらずにゆるいクリームになるため、しぼり出すなら乳脂肪分40％が必要です。ケーキにぽってり添えるなら35％くらいでも。逆に乳脂肪分が高すぎると、ボソつきやすいので注意。

バニラビーンズ

牛乳で煮出すと香りが強く出る

強い香りと黒い粒子（種）で、ぜいたくなバニラ感を味わえるバニラビーンズ。包丁でさやを縦に切り開き、刃先で種をそぎとって使います。カスタードクリームを作るときは、牛乳に種とさやを一緒に入れて煮出します。

クリームチーズ

好みのメーカーのものでOK

メーカーによってかたさ、酸味や塩けなどの個性があるため、好みのものを見つけてみて。この本のレシピは、どれでもおいしく作れます。私は雪印やフィラデルフィア、製菓材料店で販売されているKiriを愛用。

バニラビーンズペースト

バニラの香りと粒感をお手軽に！

バニラビーンズの香りを抽出し、種を加え使いやすいペースト状にしたもの。強い香りと粒感が欲しいときに、手軽に使えて見た目も本格的に。プリンなどの煮出す工程がないものにも。テイラー＆カレッジのものを愛用。

ナッツ類

生食用は先にローストしておく

アーモンドやくるみは、焼き菓子に入れると香ばしさやカリッとした食感が出ます。生食用は、生地に入れる前に必ず一度ロースト（から焼き）すること。ローストが手間であれば、素焼きしてあるものを使ってもかまいません。

バニラオイル

焼き菓子に使って風味を補強

耐熱性があり、焼き菓子に使ってバニラの風味をしっかり持続させることができる香料です。ビーンズやペーストのような粒感は必要ないときに使います。なお、ババロアなどの生菓子にはバニラエッセンスを使います。

製菓用チョコレート

レシピと近いカカオ分を選ぶ

お菓子作りにはクーベルチュールチョコレートが◎。刻む必要のないタブレットタイプが便利。スイート（ビター）、ミルク、ホワイトでカカオ分が違うため、レシピどおりのものを選んで。私はカレボーの「3815」を愛用。

洋酒

奥深い大人の風味にアレンジ

ホイップクリームやアップルパイに洋酒を加えると大人の風味に。ラム、ブランデー、キルシュ、カルバドスなどを選びます。ラムでは、万人に愛される、まろやかでリッチな香りの「バカルディ ゴールド」がおすすめ。

TOOL

上達するには道具も重要！

お菓子の完成度を高める「道具選び」

お店のようなクオリティのお菓子を作りたい場合には、道具選びも重要です。
まず最低限の道具からそろえ、プロのおすすめを買い足しながらステップアップを！

調理道具

0.1gまではかれる！

はかり

デジタル式の微量計を使って

お菓子作りは計量が命。デジタル式で0.1g単位まではかれる微量計を使いましょう。タニタの「デジタルクッキングスケール KJ-222」は操作がシンプルで表示が見やすい。シリコンカバーが洗える点も衛生的でうれしい！

1本目はワイヤーが太く本数が少ないものを

泡立て器

1本選ぶならワイヤーの太いもの

ワイヤーが太く本数の少ないものは、バターやクリームチーズなどのかたい材料も詰まりにくくて万能。2本目を購入するなら、ワイヤーが細く本数の多いものを。メレンゲなどを素早く、キメこまかく泡立てられます。

cotta
小15cm程度
中 22〜24cm
大 26〜28cm

ボウル

深さがあり底に凹凸のないものを

ステンレスで深さがあり、底に凸凹のないものを。右上のcottaの「小嶋ルミ先生監修cottaボウル」が使いやすい形。万能な中サイズを2つそろえ、泡立てなど量が多いときは大、バターの湯せんは小を。クリームの泡立てはガラスボウルなら金属のにおいがつきません。

泡立てが2種類あると◎

ハンドミキサー

高性能なものは馬力が違う！

できれば高性能なものだと馬力があり、手ではできない繊細な動きも簡単にできます。細いワイヤーのホイッパーと、太めでしっかりしたビーターがつけかえられるものがベスト。キッチンエイドの「ハンドミキサー」は、9段階に速度も変えられ、愛用するプロも多数！

seria
目がこまかい
目があらい
cotta

粉ふるい

目のこまかさで2つを使い分ける

粒子のこまかい薄力粉などは、目のこまかい裏ごし器でふるいます。セリアの直径12cmのものが使いやすい。アーモンドパウダーなど粒子のあらい粉類は、目のあらいとっ手つきの裏ごし器を使用。cottaの「Mローズストレーナー シングル 16cm」が使いやすい。

先端から持ち手まで一体型

ゴムべら

適度な弾力があり一体型のもの

生地をまぜたり、ボウルをきれいにぬぐったりと頻繁に使います。適度にしなり、洗いやすい一体型がおすすめ。「cotta シリコンヘラ」は先が平らで太く、理想的な形。小サイズは100円均一ショップのものもおすすめ。

片側しっかり
カーブしている

カード

大きめでしっかりカーブしているもの

スコーンやクッキーを作るとき、ボウルの中でバターを切り込むのに必要。ボウルの丸い底と合うように、大きめサイズで片側がしっかりカーブしているものを選んで。型に入れた生地を平らにならすのにも使います。

幅の
せまいもの

ハケ

100円均一ショップのシリコン製でOK

ケーキにシロップをうつ、フルーツにナパージュをぬる、生地に卵をぬるなど、意外と登場が多いです。100円均一ショップのシリコン製なら、手入れもラク！ 幅が3cmくらいの細いタイプだと、こまかい部分をぬりやすいです。

しっかりした木製

めん棒

重さがあると生地をのばしやすい

クッキー生地やタルト生地をのばすときに使います。太めの木製は重さがあり、安定して均一にのばすことができます。プラスチック製で表面に凸凹のあるものは、パン生地のガス抜き用めん棒なので、お菓子にはNG。

くり返し
使える

クッキングシート

洗って使えるタイプも便利

生地がくっつかないように、型や天板に敷くクッキングシート。使い捨てタイプのほか、「cotta オリジナル くりかえし使えるオーブンシート（30×100cm）」も便利！ フッ素樹脂加工で、洗えば何度でも使えて経済的。

プロの道具でステップアップ！ ［ 生地作り&成形 ］

スタンドミキサー

**生地作りや泡立てが
驚くほどラク！**

ビーターがボウルの全面を回転しながら移動し、均一にかくはんします。生地の仕込みやクリームの泡立ての強力な助っ人！ キッチンエイドの「アルチザンミニ（3.3L）」は、家庭でも使いやすいコンパクトサイズです。

赤外線温度計

**材料にふれずに
表面の温度をはかれる**

材料の表面温度を計測できる、非接触式の温度計です。温度を一定に保ちたいときに、片手でピッとはかれて、汚れないので洗う必要がなく助かる！ 使いやすくお手ごろ価格の「cotta 赤外線温度計」がおすすめ。

のし台

**生地をのばすフレゼや、
カットにも役立つ**

のし台があると生地を安定してきれいにのばしたり、カットしたりできます。フレゼ（p.52）で生地を手で押しつける動きもラク。「cotta ペストリーボード S」は家庭用にちょうどいい大きさと重さ。プロは大理石製を使用。

ルーラー

**生地を均一な厚みに
切る・のばすときに**

クッキーやタルトの生地をのばすとき、スポンジをカットするとき、ルーラーを両端におけば均一な厚みに！ 厚みは3mm、5mm、10mmなどがあり、2種類を組み合わせても。「cotta 面取アクリルルーラー」が使いやすい。

焼き型

直角のフォルム

パウンド型

スタイリッシュなのは垂直型

プロフーズの「ブリキパウンド型160」は、生地が垂直に立ち上がるため高さが出て、シャープなフォルムになります。熱伝導のよいブリキを使用し、側面の焼き上がりもきれい!

底がとれる

丸型

底がとれる型も持っていたい

ガトーショコラなど表面にダメージを与えたくないもの、ひっくり返して出せないものは、底がとれる型で焼きます。スポンジケーキやバスク風チーズケーキは、普通の型でOK。

30cm / 24cm

ロールケーキ天板

細巻き・太巻きができる長方形

オーブン付属の天板は底が湾曲しているため、ロールケーキ専用の天板で焼くのがおすすめです。正方形もありますが、長方形だと細巻き・太巻きが両方できて使い勝手がよい。

継ぎ目のないもの

シフォン型

軽くて熱伝導のよいアルミ型

アルミ型で、シリコンなどの表面加工のないものは生地がしっかりついてふくらみ、冷ますときに逆さにしてもすべり落ちません。継ぎ目がないものが洗いやすく衛生的。

型離れのよいもの

マドレーヌ型

表面加工があるものをチョイス

シェル形など、形は好みで。表面にシリコンやフッ素樹脂加工があると、型からきれいにはずせます。高品質な型ほど水洗いせずに油分を残すと、コーティングが長もちします。

cotta / 貝印

形は好みで!
(p.81で焼き比べ)

マフィン型

型によってふくらみ方が変わる

貝印の「かわいいマフィンが一度に6個できる焼き型」は、下部が一般的な台形。シリコン樹脂加工で型離れがいい!「cotta 垂直マフィン型(大)」は盛り上がってきのこ形に。

型離れのよいもの

フィナンシェ型

平たい金塊形はサクッと焼ける

薄く平たい長方形タイプは、角が立ってサクッとした焼き上がりになります。マドレーヌ型と同様に表面加工のあるものを選び、油分を残すように水洗いしないほうがベター。

直径7cm

タルトリング

ふち巻き型リングがお店っぽい

底板がないので、家庭用オーブンでも下火がよく通りサクサクに! 1人分のミニサイズはフルーツが飾りやすく、デザインがまとまりやすいのでおすすめ。

プロの道具でステップアップ！ [**焼くときの道具**]

オーダーメイド天板
フラットだから火の通りが均一

オーブンのサイズに合わせてオーダーする天板。私はcottaでオーダー。フラットなので、均一に焼け、生地のゆがみや変形を防ぎます。庫内も広く使えます。

庫内温度計
オーブン庫内の温度を正確にはかれる

オーブンの表示温度と、実際の庫内の温度の誤差を知り、調整することができます。タニタの「温度計 オーブンサーモ」は最大300度まで測定できます。

シルパン
余分な油脂が抜けてサクサクに焼ける!

クッキー、タルトなどに。網目状の加工があり、生地が広がり形がくずれるのを予防、サクッと焼き上がる。「cotta シルパン（240×360）」が優秀。

5本指ミトン
指が使えることで作業性アップ

型からお菓子をはずすときなど、作業しやすい。「cotta オーブンミトングレー二重構造（1双）」は入り口が広くサッと着脱OK。軍手を二重にして代用しても。

デコレーションの道具

回転台
プラスチック製のほか大理石も安定感◎

ナッペをするときに、ケーキの回転がスムーズ！ デコレーションを美しく仕上げるには必須です。プラスチック製がお手ごろ価格ですが、大理石など重いものは安定感があります。

パレットナイフ
刃渡り21cm・幅太めがおすすめサイズ

幅は太めがおすすめ

フラットなパレットナイフは、刃渡り21cm程度のものを。幅が太めだと、ケーキの底にさし込んで移動するときにも安定します。こまかい部分の修正にはミニサイズがあると便利。

口金
まずは丸と星を購入！しぼりはp.107へ

長く使えるステンレス製で、丸と星からそろえましょう。おすすめは孝義の口金です。しぼり出し袋は、使い捨てのほうが衛生的。100円均一ショップの安価なものでかまいません。

プロの道具でステップアップ！ [**デコレーション＆カット**]

ストレート包丁
ケーキカット専用の長い包丁

カステラ包丁ともいわれます。刃渡り30cm程度（最低20cm以上）の真っすぐな形状のものを。スポンジケーキをスライスするとき、特に重宝します。

L字パレット
平らな面にぬる作業がラクに！

段差

パレットの柄が段差になって上がっているため、平らな面にクリームをぬるときに天板や台に手が当たりません。刃渡り18cm程度がおすすめ。

123

KNOWLEDGE

人にプレゼントしたり、将来販売を考えているなら
お菓子作りの意識を高める!「プロの心得」

だれかに届けるお菓子を作るときは、食中毒などを起こさないように細心の注意を。
見た目の完成度やおいしさに加え、衛生面にも気を配ることが必須! プロの心得をまとめました。

製造アドバイス

衛生管理を徹底する

食べる人の健康を守る意識をもって対策することが大切です

高温で加熱する焼き菓子であっても、きちんと衛生管理をして作っていない、または保存状態が悪いと、細菌がふえてしまうリスクがあります。「食べる人の健康を守る」という意識をもって対策を! お菓子作りをするときは、同居する家族も含めて、感染症にかかっていないことが絶対条件。発熱、腹痛があるなど、体調が悪いときに作るのは避けましょう。

清潔なコックコートを着て意識を高める
プロのパティシエはコックコートを着用します。汚れが目立つため、清潔なものを用意する必要があり、衛生面での意識が高まります。帽子は髪の毛が落ちないようにネットがついているものがおすすめです。家庭では三角巾でOKです。

作り始める前にチェック!

- ☐ 手洗いは2回
- ☐ 髪はまとめる(帽子をかぶる)
- ☐ エプロン(コックコート)を着る
- ☐ 粘着クリーナーでエプロンについた髪やホコリをとる
- ☐ 爪を切って調理用手袋をする
- ☐ マスクを着用する
- ☐ 健康であること

焼き上がったあとも素手は厳禁。手袋の着用を
プロは製造の工程から手袋・マスクを着用します。食品衛生法に適合した、使い捨てタイプの「調理用手袋」を選んでください。焼き上がったあとは、その後に殺菌される工程がないため、特に手袋のつけ忘れがないように注意しましょう。

※お店で販売する場合は、検便検査をすることも大切です。

124　CHAPTER 4　材料選び 道具選び プロの心得